障害者福祉サービス
従事者における
ホスピタリティ意識の形成

星野晴彦［著］
Haruhiko Hoshino

ミネルヴァ書房

は じ め に

　本書の趣旨は，社会福祉サービスがどれほど利用者を「かけがえのない存在」として捉えてきたのかということの検証である。社会福祉サービスには，利用者の多様性があるために，障害者（特に知的障害者を）念頭にして述べていることをあらかじめお断りしておきたい。

　社会福祉の支援は元来弱者への施しという意識で行われてきたが，現在の福祉サービスは，経営効率性のみを追求して，非正規雇用化やマニュアル化が進み，人間を「かけがえのない存在」として認識するという本質を見失う危険性にさらされている。ともすると，「一生懸命頑張ったのだから」と自分たちのケアを正当化し，利用者の目線から捉えられていないことがあるのではないだろうか。これは自分自身の現場経験を振り返っての自戒も含んでいる。このような一方的な発想は子どもが生まれて180度変わった。おそらく両親も同様の思いでいてくれたことと思うのだが，子どもを得て「かけがえのない存在」に寄り添うという視点がケアに根本的に欠落していたことが分かったためである。

　「かけがえのない存在」として寄り添うということを検討する際に有意義な視点として，本書でホスピタリティを取り上げた理由は，その精神とそれを具現化するマネジメントが社会福祉領域のみならず全てのヒューマンサービスに共通する部分があるからである。

　営利企業のサービス業においてはホスピタリティを向上させるための研究が進んでいる。この研究は，現在の福祉サービスの相対的・客観的分析に役立つと考える。社会福祉がサービスとして位置づけられた今日，福祉のみに視野を限定せずに謙虚に捉えなおす必要性を認識したためである。社会福祉領域でも一見類似した用語もあるが，やはり利用者のことを十分に理解して，本来の権利に基づき支援をしつつ，利用者個人の個別性と尊厳を踏まえて，心を込めて

寄り添うということを表現するには，ホスピタリティしかないと思われたのである。

　ホスピタリティのある支援の展開には，無論個々の社会福祉サービス従事者の資質・動機・技術・知識も重要な鍵となるであろうが，必要なものはそれだけではない。支援を必要とする人々の権利を擁護するためには，まず社会福祉サービス従事者を雇用・定着・育成するマネジメントが実現されなければならない。それも，特定の善意に満ちた自己犠牲を厭わない人ばかりではなく，社会から広く人材をリクルートするべきであろう。当然のことながら，従事者自身も生活者として給与をもらわなければならない。「給与などの労働条件を口にするのは潔くない」などと議論することを否定してはなるまい。時として社会福祉組織が，人件費の軽減を目的として非常勤として採用する場合がある。若しくは常勤でも給与を安く設定する場合がある。このような労働条件に加えて，従事者が適切な環境（ミッションを共有できるなど）のもとで働くことができなければ，結果的にそのしわ寄せは本当に支援を要する市民におしつけられてしまうことになるだろう。

　現場の従事者たちが，このホスピタリティをいかに認識しているかを調査した研究は乏しい。それは，「社会福祉は人がやらない尊いことをしているのだから，当然正しいことがなされているに違いない」と聖域化され，正面から議論がされにくかったということもある。

　ホスピタリティという言葉は，多くはホテルやアトラクションなどの接客部門で用いられている感がある。しかし，服部はホスピタリティという概念には普遍性があり，服部勝人が『ホスピタリティ学のすすめ』（丸善）で提起しているように，個人においても，家庭や学校，企業，病院，福祉施設などいたる場においてホスピタリティは重要な鍵を握っている，としている。無論，福祉サービスにおけるホスピタリティの導入に関しては，ホスピタリティの本質的な定義の検討を踏まえつつ，その独自性に関する議論を重ねることも必要となろう。

　このテーマは社会福祉サービスが市場化・商品化される状況を鑑みれば，三

つの意味で緊急性と重大性があると考えられる。

　第一は，福祉サービス従事者には他のサービス業と異なり，利用者の自立への支援という役割があるということである。ホテル業などでは言葉遣い・謙虚さ・服装などはお客様へのサービスとして当然気を配らなければならない事項であるが，福祉サービスにおいて同様に捉えてよいのかという疑問が起こる。例えば利用者本人がやりたいと思うことをできるまで，サービス従事者が手伝いをしないで待っているということなどが挙げられる。そのような視点から，社会福祉サービス従事者の意識の特殊性を明確にしたい。

　第二は，従事者にとって，所属する組織の使命に対する意識の浸透度が，ホスピタリティ感覚にどの程度影響を与えるのかということを明確にするためである。ともすると，ホスピタリティに関する研究は従事者個人の感覚の問題とされたり，指導者と従事者の教育関係のみが注目されるなど矮小化されてしまいかねない。組織の使命に関する意識の伝達が影響することや，さらに言えばどのように伝えていくべきなのかが本書を通して示唆されるのではないかと考える。そして，この組織の使命と個人の意識のつながりを明確にすることによって，今後のホスピタリティ意識の向上を実現する組織のあり方をできる限り具体的な形で提案したい。

　第三は，ホスピタリティの欠如がどのように支援現場の危機につながるのかも明らかにしていくことである。このテーマはともすると，社会福祉現場においてマネジメントからの視点ではなく，個人の問題として取り上げられがちである。社会福祉サービス従事者が，ドラッカーの「哲学」とも言える理論（人がいきいきとミッションを持って働けるような，そしてメンバーの強みを生かしつつ協働し，結果的にそれが社会の改善に貢献できるようなマネジメント）に触れることによって，もう一度自分たちが所属する組織・機関のミッションについて考える機会にして頂きたいと考えている。組織が大きかったり，長く努めていたりして業務がマンネリ化してしまうと，「自分たちは何で覚えられたいのか」「第一の目的は顧客の満足である」ことについて意識が薄くなってしまっている。もう一度原点に返ることは極めて意義があることである。

本書は筆者が国際医療大学に提出した学位論文に，ホスピタリティに関する
これまでの論考を加えたものである。2015年に同大学院に入学し，医療福祉
ジャーナリズム分野の指導教官である大熊由紀子教授に指導を頂けたことを心
より感謝している。大熊教授の学識と人間的なスケールの大きさとやさしさの
前では，私自身が常に心から謙虚になれるという感を抱いていた。「前例を破
る主義」の大熊教授ならではの力強さと正義を曲げない信念には，いつも心か
ら敬服しており，またそれがなければ私も平板にホスピタリティをとらえてい
たままであっただろう。少し「気のきいたおもてなし」の次元での議論に終始
していたように思う。教授にお会いできたことをとてもありがたく思っている。

　あわせて，学位論文の執筆にあたり，同大学院の丸木一成先生，水巻中正教
授，埴岡健一教授，松永千恵子教授，文教大学の小林孝雄教授には，極めて有
意義なアドバイスを頂くことができた。深く御礼申し上げたい。そして本書の
刊行を実現できたのはミネルヴァ書房 東京の方々のご尽力によることを感謝
申し上げたい。

　また，本書の執筆にあたり，最前線で働く福祉サービス従事者を否定するも
のでないことは強調しておきたい。支援を必要とする人々を前に，常に全力を
尽くしている方々には心から敬意を表したい。しかし，その善意のみでは解決
できない危機が，今この福祉現場に押し寄せているのではないかという問題意
識が私を執筆に駆り立てたのである。インタビューに相当深いところまでお答
え頂いた方々には，心より感謝申し上げたい。社会福祉の美しいイメージに留
めるのではなく，その人間模様を見ることによってさらに，前線で活躍する
方々の素晴らしさを認識させられる。

　最後に私事になるが，故・母星野真智子は日本にソーシャルワークを紹介す
ることに多大な貢献をされた関西学院大学の竹内愛二先生のゼミに属し，私に
社会福祉を進路とするように示唆し，社会福祉領域に従事する機縁を作ってく
れた。

　また故・父明彦，妻・陳麗婷，長男真彦が，私が学位論文の執筆に取り組む
ことを大きな心で見守ってくれた。特に妻・陳麗婷は執筆過程において献身的

に，また理論的にサポートしてくれた。私には過ぎたる妻であると思っている。改めて，すばらしい家族に恵まれたことに心より感謝したい。また真彦の幸せを心より祈りたい。

　なお，本書で用いた調査は文教大学競争的研究支援資金を得て実施したものであり，発刊にあたり，文教大学学術図書出版助成を得た。末筆ながら付記させて頂く。

障害者福祉サービス従事者における
ホスピタリティ意識の形成

目　　次

はじめに

序　章　ホスピタリティ意識の向上にむけて ……………………………… 1
　　　1　研究の背景　1
　　　2　本書の意義　6
　　　3　本書の構成と概要　7

　　第Ⅰ部　障害者福祉サービス従事者におけるホスピタリティとは何か

第❶章　ホスピタリティの定義とこれまでの議論 ………………… 13
　　　1　付加価値としてのホスピタリティ　13
　　　2　社会福祉従事者の倫理と人材確保の困難さ　16
　　　3　先行研究　21

第❷章　現象学から考えるホスピタリティ ……………………………… 25
　　　1　フッサールの現象学と社会福祉サービス　25
　　　2　現象学的還元がホスピタリティ意識にもたらすもの　30
　　　3　ホスピタリティの実存的支援のプロセス　32

第❸章　第三者委員会とホスピタリティ ……………………………… 37
　　　1　苦情をめぐって　37
　　　2　第三者委員の概要　43
　　　3　ホスピタリティが導く共創性の構築　46

　　第Ⅱ部　ホスピタリティの向上と個人・組織のあり方

第❹章　ドラッカー理論と社会福祉サービス ……………………… 55
　　　1　社会福祉はサービスなのか？　55

viii

目　次

　　　2　ソーシャルワーカーの倫理綱領と
　　　　　社会福祉サービス従事者の意識　60
　　　3　組織マネジメントの重要性　62

第5章　障害者の脱施設化と福祉サービス従事者が抱える課題
　　　………………………………………………………………………………… 69
　　　1　脱施設化における日本の特異性　69
　　　2　脱施設化と当事者・従事者をめぐる論点　71
　　　3　当事者・従事者支援とホスピタリティ意識の向上　76

第6章　対話―葛藤―ゆらぎ―使命の再認識と共創的関係の構築
　　　………………………………………………………………………………… 81
　　　1　対話―葛藤―ゆらぎ―使命の再認識のプロセス　81
　　　2　「支援を必要とする人々」への理解と応答　83
　　　3　アポリアから考える葛藤と使命　86
　　　4　無限の懸隔を埋める不可能な努力が意味すること　90

　　第Ⅲ部　ホスピタリティ意識の特性と形成――他業種との比較分析

第7章　障害者福祉サービス従事者のホスピタリティ意識の
　　　　特性比較調査　…………………………………………………… 99
　　　1　調査の目的と方法　99
　　　2　分析結果　102
　　　3　業種間比較によるホスピタリティ意識の多角的研究　104

第8章　知的障害者福祉サービス従事者のホスピタリティ意識の
　　　　形成要素とプロセス調査　………………………………… 113
　　　1　調査の目的と方法　113

ix

2 分析結果　118

3 同一施設内従事者・入職当初との比較研究　126

第**9**章　ホスピタリティ意識をめぐる総合的考察 …………………… 137

1 障害者福祉サービスにおけるホスピタリティの定義の提案　137

2 ホスピタリティ意識の形成と行動の選択プロセス　138

3 ホスピタリティ意識の低下を防ぐために　148

4 障害者福祉サービスをホスピタリティの視点から考察する意義　159

第**10**章　津久井やまゆり園事件からの示唆 ………………………… 163

1 事件の概要　163

2 ホスピタリティから考える事件の深刻さ　170

3 他の事件に通底する問題　171

4 緊急性と重大性を併せ持つ課題　175

おわりに　183

引用・参照文献　185

初出一覧　194

資料1　「ホスピタリティ意識に関する調査」調査票　195

資料2　「障害者福祉サービス従事者のホスピタリティ意識形成に関するインタビュー調査」第一次インタビュー　インタビューガイド　197

資料3　「障害者福祉サービス従事者のホスピタリティ意識形成に関するインタビュー調査」第二次インタビュー　インタビューガイド　200

資料4　「障害者福祉サービス従事者のホスピタリティ意識形成に関するインタビュー調査」インタビューイ4名の事例　202

索引　207

序　章
ホスピタリティ意識の向上にむけて

1　研究の背景

障害者福祉サービスと他業種サービスの違いとは

　社会福祉の支援は2000年の社会福祉法の改正に伴い，「権利に基づくサービス」と法的に位置付けられた。福祉サービスの基本的理念として，第三条で「福祉サービスは，個人の尊厳の保持を旨とし，その内容は，福祉サービスの利用者が心身ともに健やかに育成され，又はその有する能力に応じ自立した日常生活を営むことができるように支援するものとして，良質かつ適切なものでなければならない」と規定している。

　さらに以下の条文でもサービスの質を向上させることが必要であることを述べている。

　（経営の原則）

　第二四条　社会福祉法人は，社会福祉事業の主たる担い手としてふさわしい事業を確実，効果的かつ適正に行うため，自主的にその経営基盤の強化を図るとともに，その提供する福祉サービスの質の向上及び事業経営の透明性の確保を図らなければならない。

　（福祉サービス利用援助事業の実施に当たっての配慮）

　第八〇条　福祉サービス利用援助事業を行う者は，当該事業を行うに当たっては，利用者の意向を十分に尊重するとともに，利用者の立場に立って，公正

かつ適切な方法により行わなければならない。

（社会福祉事業の経営者による苦情の解決）

第八二条　社会福祉事業の経営者は，常に，その提供する福祉サービスについて，利用者等からの苦情の適切な解決に努めなければならない。

（福祉サービスの質の向上のための措置等）

第七八条　社会福祉事業の経営者は，自らその提供する福祉サービスの質の評価を行うことその他の措置を講ずることにより，常に福祉サービスを受ける者の立場に立って良質かつ適切な福祉サービスを提供するよう努めなければならない。

2　国は，社会福祉事業の経営者が行う福祉サービスの質の向上のための措置を援助するために，福祉サービスの質の公正かつ適切な評価の実施に資するための措置を講ずるよう努めなければならない。

前述したように本書では，社会福祉サービスの中にも多様性があることを鑑み，議論が拡散しないように障害者福祉サービスに着目する。障害者福祉サービスは，他の業種のサービスとどのように異なるのかという疑問は本書の重要なテーマの一つである。

一般のサービス業従事者は，「お客様」の生活を管理したり，人里離れた施設に連れて行ったりすることはありえない。しかし，知的障害者の場合は，本人の意思に反して，集団生活を余儀なくさせられる入所施設か，家族に依存する地域生活かの二者択一を迫られることも少なくない。また，福祉サービス従事者と利用者の関係も，一般サービス業の従業員と顧客との関係とは異なる。そして，サービスの内容も十分に事前に知らされていなかったり，周囲の雰囲気に圧倒されて自分にとって本当に適したサービスを選択できなかったりすることもある。社会福祉サービス分野では対等性に関する議論がこれまでなされてきたが，日本の社会福祉は歴史的に「一方的な施し」から出発したため，双方向的な権利や義務の意識は醸成されにくかった。従って，これまで社会福祉の政策及びそれに関わる施設の運営などにも，福祉サービスの利用者の声が反

映されることはなかった[1]。現在でも医療福祉サービスがサービスの供給側と受給側との間で，大きな情報の非対称性がある[2]。利用者本位と言いながらも，その実現はなかなか難しく，また社会的に承認された方向性に留まっていなければ，サービスが停止される可能性もある。加えて津田は，「施設利用者の家族が『何でもおっしゃってください』と言われても人質を取られている身としては何も言えない。苦情や要求は言いにくい」[3]と述べている。

　他方で共通性もある。ゲストや利用者に「喜んでもらいたい」「幸せになってもらいたい」という意欲に裏打ちされたサービスと，「マニュアル通り」のサービスを提供するという両極の従事者が存在する。加えて，社会福祉基礎構造改革と介護保険により，社会福祉サービスの準市場制度が導入され，一部の社会福祉サービス（第二種社会福祉事業）は営利企業やNPO，といった多様な主体からも提供可能となった。結果，サービス供給能力が拡大することとなった。そして，市場メカニズムを導入してサービス提供者を競争させることにより，より効率的で質の高い対人的サービスが提供されるよう政策が設計されるようになった。これは福祉サービスにも経営効率性が求められるということである。今日非貨幣的ニーズの顕在化の中で，そのニーズを充足するために対人福祉サービスが大いに求められており，その中で対人福祉サービスを商品化（効率性を追求するために，従事者を非正規雇用する）する動きが強くなっている[4]。

　1990年代後半に生起した行財政改革の流れは，少子高齢化という人口構造の変化や近年欧米からもたらされた自立生活理念やノーマライゼーション思想の影響を受けつつ，社会福祉領域の変革をも促した。これが「社会福祉基礎構造改革」である。1998年6月17日，旧厚生省中央社会福祉審議会・社会福祉構造改革分科会による「社会福祉基礎構造改革について」（中間まとめ）を経て，2000年4月に介護保険制度がスタートし，2001年4月にはこの基礎改革の内容が盛り込まれた社会福祉法（社会福祉事業法が改正・改名）が施行，その障害者版と言える「支援費支給制度」が2003年度より開始された。

　それ以前の福祉サービスは措置制度を基本とした行政処分の体系で，国や地方自治体が個々の利用者の福祉サービスを決定していた。しかし，福祉サービ

スを利用する側が社会福祉サービスを提供する供給主体を自ら選択し，契約するという形へと転換している。契約制度はサービス利用者と供給者は権利の上で対等な関係であり，利用者が自己決定し自己選択する自立した生活を送ることができるように制度化されている。そして，それを実現するために，社会福祉事業の拡張が図られ民間営利企業の参入を可能にした。

　「社会福祉基礎構造改革について」（中間まとめ）では改革の理念の一つとして，質と効率性の向上（サービスの内容や費用負担について，政府による規制を強化するのではなく，社会福祉従事者の専門性の向上や，サービスに関する情報の公開などを進めるとともに，利用者の選択を通じた適正な競争を促進するなど，市場原理を活用することにより，サービスの質と効率性の向上を促す）を挙げている。

「ミッション職場」におけるホスピタリティ

　1970年代の大量生産・大量販売による大量消費から，消費者は画一的な商品やサービスを求める存在として考えられていた。しかし，1980年代以降，個人である消費者の価値観は，時代の変化とともに変わっていき，自分に合うものがほしいという多様な要望の充足を求めるようになっていった。そのような時代と人々の価値観の変化の中，従来通りの商品とサービスを提供するだけのサービス・マネジメントでは飽き足らず，モノやサービスに付加価値を要求するようになった。その付加価値がホスピタリティとしてマーケティングの中で重要なものとみなされるようになっていった。接客業を中心に，苦情処理対応やアフターサービスだけでは飽き足りない新しい「サービス」水準が求められるようになる。言い換えれば，接客態度，気配りなど，その業態に対する客からの要求水準が高度化していく中で，従来のマニュアル化では対応しきれない，マーケティングに根ざした接客の在り方が求められるようになってきたのである。マニュアルを超えた，従業員一人ひとりの人間性に基づく個別対応までもが求められるに至っている。

　上記の背景により，全人間的なつながりを求めて，ホスピタリティという語が，現代社会の中で大きく取り上げられようとしている。ホスピタリティをタ

序　章　ホスピタリティ意識の向上にむけて

表1　ホスピタリティが書名に含まれた書籍の刊行点数

1980-1989年	1990-1999年	2000-2009年	2010-2017年
4	23	127	174（内，医療5，介護福祉3）

（注）　2018年1月末現在。

イトルとした本の数でその注目度を探ってみたい。例えば CiNii Books で検索したところ日本では，304冊がヒットした。刊行年代別にみると，2000年以降で顕著な伸びが認められており，2010年以降では介護福祉領域でもわずかであるが見られるようになった（表1）。

　それに対して海外ではどうか。ホスピタリティの語は，「キリスト教思想の異邦人を歓待すること」に語源があることから，本来人類学，考古学，ポストコロニアル理論，聖書研究，古典，ジェンダー研究，哲学，社会学などの立場から言及されていた[5]。哲学ではデリダ，社会学ではゴフマンの著述が認められる。しかし，1980年以降になると，海外，特に米国では hospitality industry（ホスピタリティ産業）に対する研究が盛んとなり，ホスピタリティ自体の研究はほとんどなされていない[6]。

　ホスピタリティに関する研究の内容は，(1)サービス従事者のスキル育成と教育・エンパワメント[7]，(2)戦略的オペレーション[8]，(3)サービスの品質の維持改善[9]，(4)組織管理[10]，(5)顧客満足の要因と構成要素[11]，に集約できよう。サービス価値としてのホスピタリティを付加して，営利目的にのっとったものが中心となっている。ホスピタリティ産業とは，人的接客サービスを提供する営利企業であり一般に，宿泊業，飲食業，運輸業，観光業等を指す。日本でも，主として「おもてなし産業」の領域で，マネジメントとの結びつきの中で議論されてきた。

　以上よりサービスに付加価値としてのホスピタリティが求められる今日，営利企業としてのホスピタリティ産業の研究が主軸としてなされているが，「ミッション職場」（ミッション職場とは人や社会への寄与することをミッションに掲げ，それを第一義にしている職場である）での研究は僅かであることが示唆された。

5

そこで本書では，非営利組織をミッション職場と捉え，そのミッション職場の一つである障害者福祉サービスを，ホスピタリティの視点から考察を試みたい。

2　本書の意義

　社会福祉の支援がサービスと法的に位置づけられた今日，サービスの付加価値として認識されつつあるホスピタリティ概念を用いて検討することは，社会福祉の支援を他のサービス業からも相対的・横断的に考察する契機となる。

　1990年以降の社会福祉構造改革により制度的にも「利用者主体」を主軸にすえるようになったことにより，目指すべき方向性として「対等な関係性」がこれまで以上に強調されるようになってきたと言える。しかしながら，現実には，前述したように「支援する者」と「支援される者」という厳然たる「非対称性」があり，さらには「力の不均衡」ともいえる権力構造が存在しており，「対等な関係性」と対をなすとも言える関係性を持つ。つまり目指すべき方向性として「対等な関係性」があるにも関わらず，現実には「情報の非対称性」が存在するため，方向性と現実が対立するという自己矛盾した要素を持っていると言える。それに対して，後述するように先行研究では，障害者福祉サービスが措置からサービスへ変更したにもかかわらず，その意識の変化を追跡した研究はない。そこでホスピタリティの視点を障害者福祉サービスに用いて探索することが，本書の新規性となる。

　繰り返しになるが，障害者福祉サービスをホスピタリティの視点から検証する試みは，前述したように障害者福祉サービスの在り方を，自分たちの領域に留まらず，相対的・横断的に検証する契機となる。そして，この概念は障害者福祉サービスにおける人材の確保の困難さを考慮すると，極めて緊急性と重大性を持つと考えられる。後述する津久井やまゆり園事件など（第10章）はその関連の中で捉えるべきことであろうとも考えられる。

3 本書の構成と概要

　本書は下記のとおり三部構成となっている。第Ⅰ部では障害者福祉サービスにおけるホスピタリティとは何かを論じる。第1章では，ホスピタリティに関する先行研究を整理する。そして本書を読み進めるうえで重要な概念として，社会福祉従事者の倫理と人材確保困難について紹介する。

　第2章では，フッサールの現象学の視点から，ホスピタリティ意識を検討する。現象学とは哲学的な姿勢と研究方法である。その基本的姿勢は最も根源的な人間の真実は内的な主観を通してのみ理解され，そして人間は外的世界に対して統合的なものである，というものである。ホスピタリティ意識の生成を検討する際に，フッサールの現象学の言説は極めて示唆に富むと思われる。

　第3章では，苦情の取り扱いの視点からホスピタリティを取り上げ，ホスピタリティの共創的相関関係の形成に向けてのプロセスにおいて論じた。支援を必要とする人々と支援者の関係では，「従う」や，「ぶつかる」という関係性も生じうる。しかし，「向き合う」対話という可能性もある。そこで，苦情に丁寧に寄り添う，社会福祉施設における苦情解決委員会にそのホスピタリティ実現の一助となる可能性を探ってみたい。

　第Ⅱ部では，ホスピタリティの向上と個人・組織の在り方を論じる。第4章では，社会福祉の支援がサービスとして位置づけられることの意義と課題について論じる。社会福祉サービス従事者が限られた資源における効率性を求められるようになる時に，利用者をかけがえのない存在として捉えられなくなる危険がある。そして組織のルールやマニュアルに従ってしまうのである。このような状況を克服するためにも，ドラッカーのマネジメントの理論は有意義となるであろうし，そこで組織の使命，顧客満足，イノベーションが求められることになる。

　第5章では，脱施設化に関わる従事者について述べる。知的障害者が入所施設ではなく共同生活援助（グループホーム）などを用いて，コミュニティーで生

活することが推進されている。しかし，その具現化に向けて前線の従事者に関しても十分に議論しておかなければ，その地域生活の支援は空論となってしまう。そのため，筆者は脱施設化について，特に従事者の視点から示された先行研究から，整理した。本章ではその整理の中から見られた，(1)当事者の環境変化に対するゆれに丁寧に対応する視点，(2)施設従事者を確保育成する視点，(3)生活の質を考える視点，(4)管理者と前線従事者の意思の一致に関する視点，を抽出した。その結果，(1)従事者自体が自分たちの求められる変化に対応していかなければならないということ，(2)利用者が，変化に臨んで不安になることに対して適切な支援ができるようにしなければならないということ，(3)適切な労働条件と教育を必要とするということ，(4)利用者の地域生活の可能性を現実的に見ながら，地域生活を支える技術力，が求められるということが分かった。以上の議論を有機的・総合的に整理していくことにより，現実的な議論ができるようになると考えられる。

　第6章では，ホスピタリティの共創的相関関係について検討する。現在ホスピタリティに言及した著述が増加しているが，現代社会がその人間関係の潤いによる癒しを求めていることによると思われる。ホスピタリティの定義には「ゲストとホストが人間の尊厳を持って相互に満足しうる，対等となるにふさわしい，共創的相関関係で遇する。そして期待通りまたはそれ以上の結果に満足し，再びそれを求める」とある。しかし，社会福祉現場のケアにおけるホスピタリティを検討する上で，そのプロセスにおける対話―葛藤―使命の再認識のプロセスを言語化しておく必要があると思われる。本章ではそのプロセスを言語化し，理解することの重要性について検討する。

　第Ⅲ部ではホスピタリティ意識の特性と形成について論じ，障害者福祉サービスをホスピタリティの視点から考察する。具体的には，第7章でホスピタリティ意識について他業種との比較調査を行い，その共通点と異なる点を探った。障害者福祉サービス従事者はホスピタリティ意識に関して，他業種同様の必要性を感じており，また，他職種と比較して障害者福祉サービス従事者は利用者を理解し支援することを目的として，関係性を形成するための「相手に合わせ

た」「親しみやすい」を，表現しようと努める。そして親しみやすさを求め，より身近な存在になろうとすることがわかった。

　第8章では，障害者福祉サービス従事者の質的インタビューを通じて，従事者のホスピタリティ意識形成と行動の選択のプロセスを探る。そこでは，個人レベル，マネジメントレベル，利用者の障害特性レベルにより形成されることが示唆された。

　第9章では，ホスピタリティ意識がその低下の危機に至ることを防ぐには，内発的な原動力である「個々の従事者のストレングス（つよさ）の維持・強化」を軸としつつも，マネジメントからのサポート（「利用者中心のマネジメントの展開」「理念の浸透」「人材の育成」「省察とゆらぎを支える」「物理的限界への挑戦」）が有機的に統合される必要があることを論じた。

　第10章では，ホスピタリティ意識の低下が招く危機の実態を見ていく。従事者が施設利用者を死亡に至らしめた「津久井やまゆり園事件」「袖ヶ浦福祉センター養育園利用者の死亡事件」などはホスピタリティ意識が低下するプロセスと軌を一にすることを示すことができた。

注
1)　牧田満知子・岡本美也子「社会福祉法における質の評価——兵庫県国保連データの苦情内容にみる共時的比較を分析視点として」『甲子園短期大学紀要』20，2002年，9頁。
2)　末崎栄司「社会福祉サービスの商品化における商品の意味」『佛教大学社会福祉学部論集』8，2012年，1頁。
3)　津田耕一『施設に問われる利用者支援』久美，2001年，54頁。
4)　宮内拓智・本田正俊「医療福祉サービスとマーケティングコミュニケーション」『京都創成大学紀要』7，2007年，128頁。
5)　Morrison, A. and O'Gorman, K., A. Hospitality studies and hospitality management, *International Journal of Hospitality Management*, 27 (2), 2008, pp. 214-221.
6)　徳江順一郎（編著）『サービス＆ホスピタリティ・マネジメント』産業能率大学出版，2011年，26頁。

7) Ford, C., How much practical hotel management educations is necessary ?, *International Journal of Contemporary Hospitality Management.* 7 (5), 1995, p.1.

8) Harrison, S., Strategic analysis for Hospitality Industry, *Cornell Hotel and Restaurant administration Quarterly,* 44, 2003, pp.139–161.

9) Chapman, A., The contemporary model of hospitality service, *International Journal of Contemporary Hospitality Management,* 18 (1), 2006, pp.78–88.

10) Becker, C., Exploring the relationship between heterogeneity and generic management trends in hospitality organizations, *International Journal of Hospitality management,* 14 (1), 1995, pp.39–52.

11) Pizam, A., Customer satisfaction and its measurement in hospitality enterprises, *International Journal of Contemporary Hospitality Management,* 11 (7), 2006, pp. 326–339.

第Ⅰ部
障害者福祉サービス従事者における
ホスピタリティとは何か

第1章
ホスピタリティの定義とこれまでの議論

1 付加価値としてのホスピタリティ

　服部は，ホスピタリティには普遍性があり，個人においても，家庭，学校，企業，病院，福祉施設など至る場においても，ホスピタリティは重要な鍵を握っている[1]，としている。しかし，「ホスピタリティ」とは何であるか，どのような特性を持つのか，といった問いに対する答えは，いまだ議論の渦中にある[2]。

　筆者が日本のホスピタリティに関する先行研究を整理したところ，以下の立場があると考えられる。それぞれに該当する著書・論文を注記した。これらの立場は相互に影響し合っているが，わかりやすく捉えるため，それぞれの主要な立場のみで分類・整理した。

(1)ホスピタリティとは何かを議論する[3]。
(2)ホスピタリティを体現する技術とプロセスを追求する[4-5]。
(3)ホスピタリティをマネジメントと結び付けて議論する[6-7]。
(4)ホスピタリティによる市場における競争的優位を確保しようとする[8]。
(5)ホスピタリティ産業のあり方について議論する[9]。
(6)ホスピタリティの尺度化に関して議論する[10]。

　次に，上記の(1)の次元のホスピタリティの定義を概観したい。ホスピタリ

13

ティの定義をいくつか挙げると「人に対しての思いやり，心遣い，親切心，心からのおもてなし」[11]，そして「自立した人格が自立した人格としての他者をもてなす，という関係構造が前提」[12]となっている。

　一方，河口はホスピタリティの基本的定義を「ホスピタリティは客人と主人が対等な相互関係になると捉える。そして多元的価値の共創，すなわち異質なもの同士のインタラクティブな共働により，新たな価値の創造を目指そうとする」[13]と，整理している。

　また，服部はホスピタリティの定義を，「主客同一の関係で人間の尊厳をもって対等となるにふさわしい共創的相関関係で互いに遇する」[14]としている。「対等となるにふさわしい」については「双方の間に優劣・高下がなく，その場の相互間に生じる各種の影響などが穏やかで，物事のそうあるべき道筋に当てはまっている事を指す。またやり方，もののいいぶり身のこなし方などに，自分に比べて相手の立場や気持ちを理解しようとする心が，注意深く行き届くようにすること」[15]と説明する。

　佐々木・徳江は，上記を含む様々な定義を見渡して，共通するホスピタリティに関連するキーワードとして，倫理・精神・行為・行動・関係・機能といったものを挙げており，これらは

　　［内面（精神性）　⇔　行為］　これらを包含した「機能」
　　［異なる社会性・価値観　⇔　相互的な関係］

というそれぞれの軸で捉えられていると述べている[16]。

　いずれの定義にもあるのが「相互性」「相互作用」といった要素で，いわば「サービスの提供」という一方通行に対し，「対価の支払い」という一方通行をもって応えるわけではない点を重要視している。

　以上のホスピタリティの定義から，ホスピタリティには倫理・精神・行為・行動・関係・機能という次元があり，異質なもの同士の対等でインタラクティブな共働が，新たな価値を生み出すことが示唆されている。

第1章　ホスピタリティの定義とこれまでの議論

　これまでの議論をまとめると，以下の点を包含する概念として仮に定義することができよう。

(1)人間の尊厳を認識し，心からの接遇を行う。
(2)自立した人格が自立した人格としての他者をもてなす，という関係構造となる。
(3)異質なもの同士の対等でインタラクティブな共働が，新たな価値を生み出す。
(4)「内面（精神性）と行為」を包含した「機能」である。
(5)倫理・精神・行為・行動・関係・機能を含む。

　ここで改めて，相互性について付記しておきたい。接客や接遇の場面で，主人と客人の間でホスピタリティが行き交うが，それは一方通行のものではなく，主人が客人のために行う行動に対して，それを受ける客人も感謝の気持ちを持ち，客人が喜びを感じていることが主人に伝わることで，共に喜びを共有するという関係が成立することが必要となる，という発想である。すなわち，ホスピタリティは両者の間に「相互満足」があってこそ成立する。つまり，主客の両方がお互いに満足し，それによって信頼関係を強め，共に価値を高めていく「共創」がホスピタリティにおける重要なキーワードとなる。従業員満足（ES）と顧客満足を共に高めるという意味である。「他者への隷属（仕える）」から「自らを主人とする」立場への転換をするという，行動規範の選択の問題である。自立した人格が，自立した人格としての他者を，心をこめてもてなす，という関係構造が前提とされている。

　また対等性に関してホスピタリティで論じられているのは，ゲストの要望にホストが言われるままに従うのではなく，対等の関係を形成していこうというものである。それは福祉サービスの提供者と利用者の関係とは正反対である。今後社会福祉サービスにおいてもニーズの多様化・高度化に加えて，利用者の専門知識や権利意識も高まり，従来の関係が適用できなくなることも生じると

15

第Ⅰ部　障害者福祉サービス従事者におけるホスピタリティとは何か

考えられる。発想の転換が必要とされる時もあるだろう。

　現在サービスは，その付加価値としてのホスピタリティが求められるようになっている。ただし，欧米ではホスピタリティ産業としての営利企業について議論されていることが多く，「ミッション職場」における議論は十分に展開していない。日本でも同様の傾向があり，社会福祉領域では介護福祉領域でようやく研究の緒についたばかりである。

　本書では，社会福祉の支援が法的な権利に基づくサービスとして位置づけられたことを踏まえ，障害者福祉サービスをホスピタリティの視点から考察することを試みる。具体的には，上記の定義にのっとり，障害者福祉サービス従事者のホスピタリティ意識と他の業種を比較して，その共通性と異なる点を明らかにする。そのうえで，サービス従事者の目線からホスピタリティ意識の形成のプロセスを探っていきたい。

2　社会福祉従事者の倫理と人材確保の困難さ

アイデンティティの核として——ソーシャルワーカーの倫理綱領

　本書を読み進めるうえで重要な概念をここで述べておきたい。社会福祉従事者の倫理，人材確保困難である。倫理はホスピタリティの前提となるものであり，人材確保困難は従事者のホスピタリティ意識の危機の根幹となりうるものだからである。

　社会福祉実践の先駆者らの精神を全てのサービス従事者に求めることはできない。しかし，他者に自分を投げ出すといったパワーの大きさは，自らの生の意義が見つかったからこそ，自分の使命が理解できたからこそ，実践を支えるかたちで発揮されるのだろう。そのような精神を言語化して，丁寧にまとめたものが社会福祉専門職の倫理綱領である。

　一例として，ソーシャルワーカーの倫理綱領について考えてみたい。ソーシャルワークの価値は，各国のソーシャルワーカーの団体が専門的アイデンティティの核として，ソーシャルワーカーの倫理綱領の中に具現化し，保持し

16

ている[17]。確かに，倫理綱領の実効性については様々な議論があろう。倫理綱領には実践家たちに期待する最高の行動基準と最低の行動基準が同時に示されている。しかし，レヴィは「綱領の意味を明らかにするためのいくつかの場合を仮定したり，あるいは実際に起こった時に判断を下したりすれば，一方では将来同じようなケースが生じた場合の前例となり，公正と正しい実践を保障することになり，また他方では実践家への手引きを向上させることに役立つ」としている。これは，完成体というよりはむしろ「継続的過程」[18]とも言うべきものである。以上述べた通りの意義と課題を含むものではあるが，ソーシャルワーカーの倫理綱領は，各国のソーシャルワーカーが現時点で目標として，合意していることが記されている。

　ソーシャルワーカーの倫理綱領（社会福祉専門職団体協議会（現在ソーシャルワーカー連盟）代表者会議にて2005年1月27日制定）前文で以下の通り示されている。

　われわれソーシャルワーカーは，すべての人が人間としての尊厳を有し，価値ある存在であり，平等であることを深く認識する。われわれは平和を擁護し，人権と社会正義の原理に則り，サービス利用者本位の質の高い福祉サービスの開発と提供に努めることによって，社会福祉の推進とサービス利用者の自己実現を目指す専門職であることを言明する。

　われわれは，社会の進展に伴う社会変動が，ともすれば環境破壊及び人間疎外をもたらすことに着目するとき，この専門職がこれからの福祉社会にとって不可欠の制度であることを自覚するとともに，専門職ソーシャルワーカーの職責についての一般社会及び市民の理解を深め，その啓発に努める。

　さらに「価値と原則」では，次のように記されている。

1　（人間の尊厳）

　ソーシャルワーカーは，すべての人間を，出自，人種，性別，年齢，身体的精神的状況，宗教的文化的背景，社会的地位，経済状況等の違いにかかわらず，

第Ⅰ部　障害者福祉サービス従事者におけるホスピタリティとは何か

かけがえのない存在として尊重する。

2　（社会正義）

　ソーシャルワーカーは，差別，貧困，抑圧，排除，暴力，環境破壊などの無い，自由，平等，共生に基づく社会正義の実現を目指す。

　加えて倫理基準では，「実践現場における倫理責任」において以下のように述べられている。

1　（最良の実践を行う責務）

　ソーシャルワーカーは，実践現場において，最良の業務を遂行するために，自らの専門的知識・技術を惜しみなく発揮する。

3　（実践現場と綱領の遵守）

　ソーシャルワーカーは，実践現場との間で倫理上のジレンマが生じるような場合，実践現場が本綱領の原則を尊重し，その基本精神を遵守するよう働きかける。

4　（業務改善の推進）

　ソーシャルワーカーは，常に業務を点検し評価を行い，業務改善を推進する。

示される危機の根幹——人材確保指針

　人材確保困難について前述したが，その現実的厳しさを示す「人材確保指針」について述べておきたい。これは福祉現場に人材を呼び戻すためのマネジメントの必要性にも言及している。

　「社会福祉事業に従事する者の確保を図るための措置に関する基本的な指針」（平成19（2007）年厚生労働省告示第289号。以下「新人材確保指針」と記す）が，改めて告示された。14年ぶりの改正で，その間に生じた変化（福祉のニーズの増大・人材不足の深刻化・離職率の高まり）を鑑みると，この告示は極めて意義深いものである。

　旧人材確保指針が制定された1993年以降，福祉・介護サービスを取り巻く状況は大きく変貌し，少子高齢化の進行や世帯構成の変化，国民のライフスタイ

18

ルの多様化などにより，国民の福祉・介護サービスへのニーズがさらに増大した。また，認知症等のより複雑で専門的な対応を必要とするニーズの顕在化を背景として，質的にもより多様化・高度化が求められるようになった。

　加えて，少子高齢化の進行等の下で生産年齢人口が減少し，労働力人口も減少が見込まれる一方，近年の景気回復に伴い，他の産業分野の採用意欲も増大している。福祉・介護サービス分野では，高い離職率と相まって常態的に求人募集が行われ，一部の地域や事業所で人手不足が生じているという指摘もある。そのため，将来にわたって福祉・介護ニーズに的確に対応できる人材を安定的に確保していく観点から，経営者，関係団体等並びに国及び地方公共団体が講すべき措置について改めて整理を行い，社会福祉法（昭和26年法律第45号）第89条第1項の規定に基づき，新しい「社会福祉事業に従事する者の確保を図るための措置に関する基本的な指針」が告示された。

　新人材確保指針では，人材不足の深刻さや離職率の高さなど「社会福祉事業の就業の動向」が示されている。その上で，人材確保の方策として，「労働環境の整備の推進等」「キャリアアップの仕組みの構築」「福祉サービスの周知・理解」「潜在的有資格者等の参入の促進」「多様な人材の参入・参画の促進」の五つが挙げられている。そして，各視点にいくつもの詳細な項目があり，それぞれに示された指針に基づき，「経営者，関係団体等並びに地方公共団体の役割と国民の役割」また「関係者が総力を挙げて」取り組む必要があるとしている。

　特に，介護職給与は国家公務員福祉職の給与を参考に旧指針も，「公務員の給与水準及び地域の賃金状況を勘案するなど，人材確保が図られるような適切な給与水準の確保に努めること」が書かれていたが，今回は「給与体系の検討に当たっては，国家公務員の福祉職俸給表等も参考にすること」と明記された。介護保険や障害者自立支援制度が始まり，福祉・介護人材の重要度が増しているために，全体的に見て，介護保険が始まる7年前に告示された前回の指針に比べると，内容はかなり詳細にわたっている。

　新人材確保指針では「労働環境の整備の推進等」の中に「新しい経営モデル

第Ⅰ部　障害者福祉サービス従事者におけるホスピタリティとは何か

の構築」という一節が設けられている。

　福祉・介護サービスが人によって支えられる事業であることを踏まえ，福祉
介護サービスを行うのにふさわしい経営理念を確立するとともに，質の高い
サービスを確保する観点から，サービスの内容に応じた採用方針や育成方針の
確立など，明確な人事戦略を確立すること。（経営者・関係団体等）

(1)　現状において多数を占める小規模かつ脆弱な経営基盤からの脱却を図るた
　　め，複数の福祉・介護サービスの実施または従事者の共同採用や人事交流，
　　資材の共同利用など経営者間のネットワークの構築を進めること等により，
　　経営基盤を強化すること（経営者・関係団体等）。

(2)　管理者が労働環境の改善やキャリアアップの仕組みの構築等の取り組みの
　　重要性を十分認識すること等を通じて，質の高い人材を確保し，質の高い
　　サービスを提供するための組織体制を確立すること（経営者・関係団体等）。

(3)　福祉・介護制度の下で，柔軟かつ創意工夫を生かした経営を行うことがで
　　きるよう，社会福祉法人制度改革等の規制改革を推進すること（国，地方
　　公共団体）。

(4)　経営主体や事業の規模・種類，地域特性に応じた経営の実態を把握すると
　　ともに，これらを踏まえた福祉介護サービスを行うのにふさわしい経営理
　　念や経営のあり方を研究し，先進的な取り組みについて周知を図るなど，
　　その成果について普及を図ること（関係団体等・国，地方公共団体）。

(5)　福祉介護サービスにかかる事業の施設・設備の整備や事業の運営にかかる
　　融資を行うほか，経営の安定化に資するため，経営診断事業等の推進をす
　　ること（独立行政法人福祉医療機構その他の関係団体等）。

　以上から分かるように，多角的な視点からの取り組みが必要であることが述
べられている。しかし「福祉・介護サービスを行うのにふさわしい経営理念を
確立する」とあるが，まだ抽象的であることは否めない。
　福祉労働の重要性に関する議論は昨今突然生じたものではない。ここでは示

さなかったが，真田是らに始まる福祉労働論は，1970年前後の措置の時代から，すでに重要な視点を提示していた。そして国民に理解が得られないことが課題であることは本質的・連続的と言うべきである。しかし，福祉領域の市場原理の導入が著しく進行した今日，事態は根底から揺さぶるような深刻な状況となっている。福祉人材確保指針が改正されたことは，逆に現在の社会福祉現場の危機の根幹を示すものでもある。

3　先行研究

社会福祉思想は実践を媒介とする運動が制度・政策を生み，それが実践を支えるという循環の中で育まれる。実践に始まり，実践に回帰する中で，実践者の生活感情や行為が知と一体になって思想が進化する。制度・政策を通して実践が検証され，より論理的な思想が生まれる。

日本の社会福祉思想はどう変化してきたのか。実践者の側に着目して概観したい。日本の福祉思想をはじめに整序したものは儒教や仏教であり，慈悲・慈善として発した。その後，わが国の社会福祉事業は，第二次世界大戦以前は大部分が私的（キリスト教の自由主義的な博愛の理念であり，また儒教的な治者意識に基づく救済思想や，仏教の慈悲思想などによる）な慈善事業として提供されていた。

戦後，新生「日本国権法」は，「第二五条　すべて国民は，健康で文化的な最低限度の生活を営む権利を有する。②国は，すべての生活部面について，社会福祉，社会保障及び公衆衛生の向上及び増進に努めなければならない」と，社会福祉事業における「国家責任」を規定した。広義には，憲法及び社会福祉各法における社会福祉行政行為の「措置」として展開してきた。「人権・生存権保障としての社会福祉・社会保障」の成立は，それが人びとの「人間として生きたい」「人間の尊厳・平等が実質的に守られねばならない」という権利要求と運動のなかで確立されてきた。他方でマルクス主義の研究が戦後可能になり，社会科学的社会事業論が復活した。その後，糸賀一雄の実践，ノーマライゼーション，自立生活運動の理念の導入も大きく影響した。

21

第Ⅰ部　障害者福祉サービス従事者におけるホスピタリティとは何か

表2　ホスピタリティを含んだ一般的サービスとケアサービスの差異

	ホスピタリティを含んだ一般的サービス	ケア
対　象	顧客	名前をもった個
行　動	快適に過ごしてもらえるようにする	快適に過ごしてもらえるようにする
態　度	客人をまるで主人のように手厚くもてなす	客人であってもそのケアがその方に必要なものか判断しつつ行う
重要視されること	他者として相手に関心をもつ	他者として相手に関心をもつ
対象者の態度	能動	受動
目　的	?	セルフケア（自立）の回復

　しかし，1980年代から，ニーズの高度化・多様化や生活水準の向上により，「措置方式では，権利性が不明確で選択の自由がない」という批判もあり，福祉サービス論が打ち出されるようになった。その結実が2000年の社会福祉法改正であり，社会福祉がサービスとして位置づけられることになったのである。

　この変革はいままで供給者サイドから論じられていた議論（支援者が生活に困難を抱える者を慮ってという視点から）を，サービス利用者側から論じることになるという大きなパラダイムチェンジである。

　ただし，以上述べてきた思想は，あくまで思想であり，各の実践者たちに大きな影響を与えたであろうことは想像できるが，どこまで個々の従事者の実践や意識に現実に浸透してきたかは明確にされていない。また序章第二節のでも述べたように，障害者福祉サービスが措置からサービスへ変更したにもかかわらず，その意識の変化を追跡した研究はない。

　社会福祉の領域でホスピタリティを研究した言説は，研究の歴史が浅くわずかである。その中で，田口はホスピタリティの概念を介護福祉分野で用いる可能性について検討し，ホスピタリティを含んだ一般的サービスとケアサービスの差異を，表2のように整理している[19]。

　さらに，田口[20]は一般的なサービスとケアサービスには，異なる点がいくつかみられるものの，利用者に快適に過ごしてもらいたいと考え，他者として相

手に関心をもつといった項目については共通しており、「ホスピタリティ」を介護福祉領域で応用していくことは可能であることが明らかである、と指摘している。

ここで注目しておきたいのは、田口が、ホスピタリティを一般的なサービスの認識で捉えており、利用者の自立を助けるものではなく、むしろ阻むものになり、利用者の自立への意識を下げてしまうなどの危険性を示している点である。田口は、ホスピタリティをレジャーランドやホテルなどの過剰で過保護なサービスというイメージで捉えているようにも考えられる。

以上の先行研究の整理により以下の点が示唆された。

(1)社会福祉の支援が権利に基づくサービスと法的に位置づけられたというパラダイムチェンジにもかかわらず、その変革に対応して従事者の意識がどのように変化したのかという見地から、そのサービスに対する意識に関する研究がされてこなかった。

(2)営利企業を中心とするホスピタリティに関する議論で、ゲストとホストの対等と相互作用性をキーワードとした議論がされている。これは従来の社会福祉の支援者と利用者との関係性とは正反対である。

(3)介護福祉領域でホスピタリティの概念を用いようとする議論がなされつつある中で、福祉の支援（自立支援の視点）と齟齬が生じる可能性があるのではないかという懸念がある。

(4)今後社会福祉サービスにおいてもニーズの多様化・高度化に加えて、利用者の専門知識や権利意識も高まり、実践現場でも個々の従事者にホスピタリティの視点からサービスを提供するように求められる可能性がある。

これまで社会福祉領域でホスピタリティの視点が求められる可能性がありながらも、それに関する研究はわずかしかなされてこなかった。このことを踏まえ、第2章と第3章ではホスピタリティを多角的に検証していきたい。

第Ⅰ部　障害者福祉サービス従事者におけるホスピタリティとは何か

注

1) 服部勝人『ホスピタリティ学のすすめ』丸善，2008年，10頁。
2) 佐々木茂・德江順一郎「ホスピタリティ研究の潮流と今後の課題」『産業研究』44(2)，2007年，7頁。
3) 星野晴彦『社会福祉サービスとホスピタリティ』相川書房，2015年。
4) 林田正光『ホスピタリティの教科書』あさ出版，2012年。
5) 星野晴彦，前掲書，2015年，152-160頁。
6) 河口弘雄「非営利組織のマーケティングの課題と展望」『経営教育研究』1，1998年，129頁。
7) 吉原敬典「ホスピタリティマネジメントの構造に関する一考察」『目白大学経済学研究』10，2012年，18頁。
8) 山口祐司「ホスピタリティ・マネジメントの学際的研究」『経営政策論集』4(1)，2005年，11頁。
9) 山上徹『ホスピタリティ精神の深化──おもてなし文化の創造に向けて』法律文化社，2008年，67-182頁。
10) 山岸まなほ・豊増佳子「日本型ホスピタリティの尺度開発の試みと職種間比較」『国際医療福祉大学紀要』14(2)，2009年，58-67頁。
11) 力石寛夫『ホスピタリティ──サービスの原点』商業界，1997年，43頁。
12) 車勤「ビジネスとしての『歓待』の可能性──哲学的試論」『山梨英和大学紀要』8，2009年，122頁。
13) 河口弘雄，前掲書，1998年，129頁。
14) 服部勝人，前掲書，2008年，117頁。
15) 同前書，118頁。
16) 佐々木茂・德江順一郎，前掲書，2007年，4-5頁。
17) 北島英治「北米・ヨーロッパのソーシャルワークの歴史」北島英治（編著）『ソーシャルワーク実践の基礎理論』有斐閣，2006年，317頁。
18) レヴィ，チャールズ，S.（著），ウェクハウス，ブルガルト（訳）『社会福祉の倫理』勁草書房，1983年，218頁。
19) 田口潤・関谷洋子・土川洋子「介護福祉実践における『ホスピタリティ』の応用の可能性」『白梅学園大学研究年報』13，2008年，127-130頁。
20) 田口潤・関谷栄子・土川洋子「介護福祉実践における『ホスピタリティ』の応用の可能性（その3）」『白梅学園大学研究年報』15，2010年，121頁。

第2章
現象学から考えるホスピタリティ

1　フッサールの現象学と社会福祉サービス

　最近の著述を見ていると，ホスピタリティには二つの方向性が強く認められる。第一はホスピタリティが感動を与えるという視点から書かれたもの[1]，第二はホスピタリティのマナーに関する視点から書かれたもの[2]，である。それに対して，吉原はホスピタリティにおいて誰が誰のためにといった関係ではなく，自分も関係者も横にならんで「誰が誰とともに」という相互関係と相互作用を重視する[3]と述べている。改めて，ホスピタリティを他者への気配りという次元に留まらず，自分が果たしてどのように他者を見ているのか，そしてその時に自分は他者に対してどのような位置づけにあるのかを徹底的に問い直しておく必要があるように思われる。

　筆者は，社会福祉の支援がサービスとして位置づけられていく中で，ホスピタリティ概念が適用できるのではないかと考えてきた[4]。というのは，社会福祉の領域で支援の姿勢を示す語として，ケア，人権，サービスの質，倫理，共感，傾聴などが挙げられるが，相手を本当に大切に思い，寄り添うということで，ぬくもりの感じられる語としてはホスピタリティという言葉が極めて適切であると感じられたためである。むろんその際ホスピタリティという語が上記のように多様に用いられていることも認識せねばなるまい。そしてそれを加味した上で，特に支援を必要とする人をかけがえのない存在として認識する社会福祉サービスの領域における，ホスピタリティ意識の特殊性を明確にすべきで

あると考えている。

　社会福祉サービス従事者のホスピタリティ意識を検討するために資料を探したところ，明文化され，そして示唆に富む内容のものを見つけることができた。それは，第一に，第1章で紹介した日本ソーシャルワーカー倫理綱領と，第二にメイヤロフの言説である。

　日本ソーシャルワーカー倫理綱領には，前文に「われわれソーシャルワーカーは，すべての人が人間としての尊厳を有し，価値ある存在であり，平等であることを深く認識する。」とある。加えて，「価値と原則」の章において「Ⅰ.（人間の尊厳）ソーシャルワーカーは，すべての人間を，出自，人種，性別，年齢，身体的精神的状況，宗教的文化的背景，社会的地位，経済状況等の違いにかかわらず，かけがえのない存在として尊重する」とある。

　他方メイヤロフは「ひとりの人格をケアすることは最も深い意味で，その人が成長し，自己実現することを助けること」[5]「他の人をケアすることを通して，他の人々に役立つことによってその人は自身の真の生の意味を生きている」[6]としている。

　上記の理念に異論を唱える者はいないと思われるが，現場レベルにおいて社会福祉サービス従事者はこれをどのようにすれば，認識できるようになるのであろうか。クライエントと支援者の双方の立場は全く異なり，支援を求める側と与える側という，決して対等とは言えない関係である。そして本来全く異なった個人であるクライエントの実存的苦悩の究極的な意味を，支援者が本当に理解できるというのは安易な考えである。むしろ立場の違いの意味をどれだけ真摯に考えることができるのかが，支援者に問われている課題である[7]。

　このきわめて難しい課題をどのようにすれば克服していけるであろうかと問われたときに，フッサールの現象学は極めて示唆に富むと思われる。学問や様々な思い込みによって覆い隠された，現に経験しているにも拘らず見えなくなってしまっている「現実」がある。現象学は，この現実を見出す方法であり，現象学により取り戻された生活世界は，フッサールによって見出された現実である[8]。本章ではフッサールの言説を紹介するとともに，社会福祉サービス従

第2章 現象学から考えるホスピタリティ

事者のホスピタリティ意識の議論に示唆することを整理していきたい。

　そして，本章では「かけがえのない存在」という概念を皮相的に認識するのではなく，本質的に理解するための一助となることを目的としている。

　前述の内容と一部重複するが，以下にフッサールの現象学に関する言説を簡単に紹介したい。

　フッサールの現象学は，一方で単なる事実の集積に終始する事実学と，他方で精密な数学的合理性に基礎づけられている客観主義的科学とが，私たちが生活を営む場である「生活世界」から乖離してしまっているという問題を「危機」として捉える。そして，この危機を克服すべく，具体的に生きられた世界としての「生活世界」における直観へと立ち返って，直観に与えられる「事象そのもの」から学問一般を基礎づけなおしていこうとする試みである。

　日常的に，私たちは，自分の存在，世界の存在を疑ったりはしない。私たちは，自分が「存在する」ことを知っているし，自分の周りの世界もそこに存在していることを知っている。この自然的態度を以下の3点から特徴づけ批判する。

(1)認識の対象の意味と存在を自明的としていること。
(2)世界の存在の不断の確信と世界関心の枠組みを，暗黙の前提としていること。
(3)世界関心への没入による，意識の本来的機能の自己忘却。

　自然的態度とは，我々の主観とは独立に世界というものが存在し，その中に私たちが存在していることは自明であるが，故に意識していない態度のことである。これに対して，超越論的態度とは，そのような態度を一旦保留（判断停止）し，超越論的次元にある仕組みや作動している働きを反省する態度を意味する。自然的態度は，一旦超越論的態度を取ったときにはじめて，それが一つの態度であったということがわかるという特徴を持っている[9]。

　このような自然的態度の下では，人間は自らを「世界の中のひとつの存在

27

第Ⅰ部　障害者福祉サービス従事者におけるホスピタリティとは何か

者」として認識するにとどまり，世界と存在者自体の意味や起源を問題とすることができない。現象学における方法的原理には，現象学的還元と「明証」（視ること）への依拠がある[10]。

　即ち，超越論的態度により超越論的次元にまで視点を引き戻すことが現象学的還元である。フッサールにおいては現象学的判断停止が現象学的還元となる[11]。それは，自分の意識（主観）の外部に客観的対象が存在していると素朴に信じていること（判断していること）を停止することである。そうすることで，自然的態度において作動していたにも拘らず，気づいていなかった意識の仕組みや働き（超越論的次元）に注意を向けることが出来る。この超越論的次元の仕組みや働きに注意を向けることが出来る視点へと引き戻ることが現象学的還元である。

　自分たちの意識を超越しているものがどのようにして私の意識に与えられるのか，言い換えれば認識されるのか。その認識の仕組み（超越しているものがどのようにして自分の意識に与えられるのか）が解明される場（次元）が超越論的次元である。この次元は，ある事象に対する自分たちの認識・理解をもたらしている仕組みや働きが作動している次元であり，その意味で，自分たちがそれ以上は遡ることが出来ない認識の源泉（認識が生み出される根源的な場）である。

　社会福祉サービス従事者たちは他者を支援するという営みを行っており，その営みに対する一定の認識や理解を持っている。しかし，その認識や理解はどの程度，根拠に基づいた確かなものだろうか。福祉哲学は哲学，特に現象学の方法及び研究成果から学ぶことで，私たちがそれ以上は遡ることが出来ない認識の源泉である超越論的次元にまで視点を引き戻す。

　改めて，「意識」とは，例外なく「何かについての」意識であり，志向性を持つ，ということである。従って，純粋意識の純粋体験によって得られる純粋現象も，志向的なものである。そして，このような志向的体験においては，意識の自我は，常に「○○についての意識」として，意識に与えられる感覚与件を何とかして捉えようとする。フッサールは，ギリシア語で思考作用をさす「ノエシス」と，思考された対象をさす「ノエマ」という用語を用いて，意識

28

の自我が感覚与件をとらえようとする動きを「ノエシス」，意識によって捉えられた限りの対象を「ノエマ」と呼んだ。

志向性には二つの特徴がある。第一は意識の中にとどまらず，意識の外部あるいは世界に向かっていることである[12]。第二は信念だけではなく，行為の原動力となる欲求や意思，何かが実現されることを希望すること，あるいは何かを愛することのような様々な心の在り方にも共通するものである。その欲求的志向性においては，欲求されたことが現実になることもあれば，そうでないこともある[13]。

フッサールは，感覚的直感を超える直感としての「本質的直感」があることを論じている。本質的直感とは，知覚された個別の対象をモデルとして，それを超えて諸対象に共通の普遍的な本質を取り出して，「原本的に与える」直感とされる。

現象学的還元によって得られた志向的諸体験のノエシス／ノエマ的類型的構造の本質を直感するところにより記述すると，現象学的還元によって一旦は遮断された自然的世界及び全ての理念的諸世界の対象を純粋意識が自分の中で「世界意味」として構成することになる。このような純粋意識は，すべてを超え出る「超越論的に純粋な意識」ないし「超越論的意識」と呼ばれ，以上のような反省を得た「超越論的現象学」は，デカルト以来の二元論の持つ問題，主観的な認識主体が自己を超え出た客観的世界をどのように認識し得るのかという難問を解決した上で，正しく認識論的に基礎づけることによってあらゆる諸学の基礎付けるものとなるのである。

なお，フッサールの現象学の言説に対しては様々な批判や誤解もある[14]。ただしここで確認したいのは，現象学の観点は，まず一切を確信と見なすということであり，従って「絶対的な認識」，完全に客観的な認識という概念自体を明確に否定する。その代わりに確信の妥当性の根拠が問われることになる[15]。このような発想の転換が，以下に示す社会福祉サービス従事者のホスピタリティ向上に通じるものとなると思われる。

第Ⅰ部　障害者福祉サービス従事者におけるホスピタリティとは何か

2　現象学的還元がホスピタリティ意識にもたらすもの

　以上フッサールの現象学的還元について述べてきたが，それがホスピタリティを考察する上で，もたらす可能性は何か。社会福祉とは何であるのかを考える上での出発点は，一人ひとりの人が現に生きている現実でなければならない。しかし，その現実は学問や様々な思い込みによって覆い隠され見え難く（分かり難く）なっている。現象学という方法を使うことによって見出された現実が生活世界である。即ち，社会福祉とは何かを考える上での出発点となる。現象学が提唱する生活世界を出発点とすることで，私たちが様々な思い込みや偏見に囚われているが故に見え難くなっている「現実」から社会福祉とは何であるのかを理解することが可能となる[16]。

　生活世界を出発点としたとき，そこには一人ひとりの人には尊厳という価値があると同時に，その尊厳や世界が如何に傷つきやすいものであるのかが理解される。この現実を踏まえ，「人間にとって決定的に意味をもつもの」は何であるのかを考えるきっかけを提供するのも生活世界である。また，そこで見出された「人間にとって決定的に意味をもつもの」，例えば，尊厳，他者への責任＝倫理，正義などを根拠に社会福祉学を構築していくことが可能となる。そして，その社会福祉学に基づき，社会福祉とは政治・経済システムがもたらす生活困難をはじめ，様々な生活困難を改善し，一人ひとりが宿している尊厳と潜在的な可能性を顕在化させる営みである，という理解をもつことが出来る[17]。

　一人ひとりが他と異なった独自性を持ち，一般的な特徴で類に分けることができない，固有の生を生きる人間の在り方は「実存」と呼ばれる。現象学の中心概念の一つである「還元」とは科学が取り扱う人間の一般的特徴に捉われずに，実存的特徴に視点を置き換えることではないだろうか[18]。

　支援者がクライエントの苦痛の意味を真に理解することは，支援者自身の職業人としての，さらに人間としてのアイデンティティを支えているため，傍観者的な第三者とは異なる視線を持ちうることを意味する。このように両者が意

30

味を求めあい，目的を共有しあえる関係であることに拠って，「還元」すなわちクライエントが発した言葉の実存的な意味の理解が可能となる[19]。

　支援の場で必要なのは一般的特徴の解明ではなく，疾病・障害がクライエントにとって持つ意味の解明である[20]。福祉教育の中で自然科学や社会科学，人文科学という科学の領域にあり，クライエントを「治らない障害を抱えた人」「差別に苦しむ人」のように一般的な特徴で分け，客観的に観察できる対象として客体化してきた[21]。中村は障害者施設の支援者たちが一方で「～ができない人」とし，他方で「障害は個性である」といった見方をしている例を挙げ，支援者が支援を必要としない人々を様々に評価して意味づけしていることを述べている[22]。それに対して，「実存すること」とはその人固有の現実を生きることであるため，疾病に拘束されているクライエントにとって「実存する」とはクライエントが自分だけの現実を背負って生きることを意味する。「自分だけの現実」とは，クライエントの苦痛や苦悩が本質的に誰とも強要されないことを意味する[23]。

　そして，その理解の次に何が生じるのかと言えば，個人の唯一性とかけがえのなさが実存の本質であり，支援の場ではクライエントは「かけがえのない他者」という姿で支援者の前に現れる[24]ことであろう。支援の場では，クライエントは実存的支援が必要な他者として，際立った姿で現れる。クライエントは支援者の実存を揺さぶり，何をおいても応えてあげなければならないという使命感を目覚めさせる人という意味で「かけがえのない人」となる。支援の場ではかけがえのない人として現れたクライエントに対して支援者がどれだけ「かけがえのない他者」になれるかが問われている場とも考えることができる[25]。

　ただし，ここで留意しておかなければならないのは，クライエントが何もできない存在ではないということである。環境によりひどく傷つけられながらも，その人はストレングスとレジリエンスを繰り返して発揮してきたことを見逃してはならないだろう。逆にかけがえのないという認識は前述したメイヤロフの「自己実現」「成長」を現実化する基盤となる。ストレングスの認識が前提となることにより，支援者自身が自己認識の大幅な変革が生じるのであろう。言っ

第Ⅰ部　障害者福祉サービス従事者におけるホスピタリティとは何か

てみれば，クライエント自身のストレングスが実存的支援をする必要性を認識させられるのである。それを現象学的な還元により，「～ができない人」「～の支援が必要な弱い人」という認識から脱却できるのである。

3　ホスピタリティの実存的支援のプロセス

　実存的支援とは支援者がクライエントを，支援者自身を根拠づける「かけがえのない他者」として発見し，自ら「かけがえのない他者」としてのクライエントにふさわしい支援者になるために支援者自身にできることを模索する支援者の作業と姿勢のことを意味する[26]。

　中村は「声なき声の訴えや要求にこたえるように促す力」は錯覚や思い込みではなく超越論的次元における仕組みが作動していれば，だれもが経験しうる[27]，としている。ここでそこに至るプロセスとして，清水の提唱する三段階[28]を取り上げる。ここでは支援者が利用者に関わり，その相互のかかわりから利用者の理解と支援の仕方が形成される過程としている。

　第一に「身を置くこと」[29]である。机上の抽象的理論志向から離れて，対象者に相対することになる。これは新鮮な驚きであるとともに不安を抱かせるものになる。想定以上のものが厳然と現れるから戸惑うのである。

　第二に「身を入れる」である。これは能動的に対象者に関わるということである[30]。能動的にかかわるとは，何の気なしに，趣味的にかかわるのではなく，ある目的（すなわち志向）をもってである。「ソーシャルワークの価値や方法はあったとしても，現場においてそれらの価値や方法は問題解決の方向を示すだけである。それらの概念は現場での対象者と自己の身体性を媒介にした実感し，納得した知識に組み直さなければ，現実の行動指針として意味をなさない。クライエントを理解したい，役に立ちたいという純粋な思いを持つことが重要であろう。その情熱は無意識に宿り，疑問という形で次々と具体的な目標を生み出してくれる疑問や目標の発生は苦しい面もあるが，その解明のきっかけである」[31]。

第２章　現象学から考えるホスピタリティ

表3　ボランティア活動を体験した中高生の発言の還元とカテゴリー化[34]

	カテゴリー	意味コード
他者存在への配慮なし	一般理念	ボランティアの一般的理念発言
	不満・要求	ボランティアを自己中心的な要求の対象とした発言
	自己利益の正当化	ボランティアの利他性を否定し，自己利益を強調する発言
		自己の実利的効能を見る発言
		利他性を認めつつ自己利益を中心に置いた発言
新たな自己の発見と他者存在への配慮	ボランティアを実践した自己に対する肯定感の表明	ボランティアを実践した自分に対する驚きと喜びの発言
		困難にぶつかりながらもその経験を有意義とする発言
他者と自己との等価的関係の自覚	自己の在り方の本質的な自覚	自己中心的な考え方を揺るがされた発言

　第三に「身につく」である[32]。相互作用による対象者の意味の理解とは，三人称的な単なる概念的理解と言うよりも実感を伴った具体的理解であり，それだからこそ身につくと言えよう。

　ただし，全ての社会福祉サービス従事者がこのようなプロセスを経るものとは限らない。中高生が行った「ボランティア活動」をどのように認識しているかについて述べた感想に対して，植田が現象学的還元の視点から分類した研究成果[33]を紹介する。

　表3の結果を見てみると，全ての者がボランティア活動を行って同様の認識に至るとは限らないことが示されている。他者を「かけがえのない存在」として捉え，そして自分についても振り返るというプロセスが生じる者と生じない者がいる。まさに，そこでは志向と還元のプロセスが同様の認識に至るとは認められないのである。

　「他者存在への配慮ができない」と「新たな自己の発見と他者存在への配慮ができた」と「他者と自己との等価的関係の自覚に至る」に分離し得るのである。

33

第Ⅰ部　障害者福祉サービス従事者におけるホスピタリティとは何か

しかしこの結果を振り返ってみるとこれは，ボランティアのみに適用される
ものなのであろうか。実は，専門職と言われる社会福祉サービス従事者にも同
様のことが言えると考えることができる。というのは，福祉の現場においては，
存在性の気付きとともに「存在性の隠ぺい」ともいうべき「埋没」も起こりや
すい。これは特定の理論や政策を「無批判に」信奉したり，日常のルーティン
ワークに「埋没」することである。それは，社会福祉問題の原因の因果関係の
複雑さと問題解決策の不確かさに起因していると考えられる。周知のように，
このような複雑性や不確かさを克服すべく，さまざまな科学的理論や方法が提
起されてはいるが[35]，他方で，ともすると現場の矛盾や関係調整に「疲れ果て
たり」「関わりたくない」支援者はありふれた日常に埋没しようとする[36]。

ボランティアでも，またベテランの社会福祉サービス従事者においても，志
向と還元に「かけがえのない存在」として自分の中で，実感的な理解をするこ
とができなかったり，それを避けたりしようとする現象がここに示されている
と言えよう。独自のプロセスを経て，それぞれの志向と還元に差異が生じてい
るのである。その点を無視してホスピタリティ意識に関して，「かけがえのな
い存在」などと述べても，極めて実態性のない虚しい議論しかできなくなって
しまう。

上記より現象学の還元のプロセスと意義が示されたと同時に，その期待され
たプロセスを経ずに日常に埋没する可能性もあるということが示されている。
それがまさにホスピタリティを実態的に考察する際に，有効となる可能性を示
しているのではないだろうか。

現象学的還元は客観的な調査や理論，政策を無視するものではない。むしろ
個人における信念確立の根拠に自分自身が迫ろうとする方法である。そのプロ
セスをホスピタリティ意識生成の議論に加えるべきであるということを論じて
きた。ホスピタリティに関する人材育成という視点から，新人・中堅・指導・
経営のそれぞれの段階で「達成」「自己」「親交」のキーワードから成長を論じ
る議論[37]もあるが，それとは別の次元で，本章では他人事ではない自分のこと
として考える主体性に立ち返る意義を述べてきた。しかし，その現象学的なア

34

プローチがあるとは言え，想定されたプロセスを辿る者と辿らない者の差異が
なぜ生じないのかについては議論することができなかった。「個人的要因」「利
用者による要因」「組織による要因」などがあると思われるが，今後の課題と
したい。

注

1) ディズニー・インスティテュート／月沢李歌子（訳）『ディズニーが教えるお客様を感動させる最高の方法』日本経済新聞社，2005年.

2) 古閑博美『看護のホスピタリティとマナー』鷹書房弓プレス，2001年.

3) 吉原敬典「ホスピタリティを具現化する人財に関する一察」『長崎国際大学論叢1』2001年，281頁。

4) 星野晴彦『社会福祉サービスとホスピタリティ——ドラッカー理論を踏まえて』相川書房，2015年.

5) メイヤロフ，ミルトン／田村真・向野宣之（訳）『ケアの本質——生きることの意味』ゆみる出版，1987年，13頁。

6) 同前書，15頁。

7) 佐久川肇『質的研究のための現象学入門——対人支援の「意味」をわかりたい人へ』医学書院，2009年，34頁。

8) 中村剛『福祉哲学の継承と再生——社会福祉の経験をいま問い直す』ミネルヴァ書房，2014年，455頁。

9) 谷徹「自然的態度」廣松渉ほか（編）『岩波哲学・思想事典』岩波書店，1998年，649頁。

10) 田口茂『フッサールにおける〈原自我〉の問題——自己の自明な〈近さ〉への問い』法政大学出版局，2010年，41頁。

11) フッサール，エトムント／浜渦辰二（訳）『デカルト的省察』岩波書店，2001年，50頁。

12) 門脇俊介『フッサール——心は世界にどうつながっているのか』日本放送出版協会，2004年，23頁。

13) 同前書，25頁。

14) 竹田青嗣『超読解！はじめてのフッサール『現象学の理念』』講談社，2012年，204-287頁。

15) 同前書，247頁。

第Ⅰ部　障害者福祉サービス従事者におけるホスピタリティとは何か

16）　中村剛，前掲書，2014年，455頁。

17）　同前書，455頁。

18）　佐久川肇，前掲書，2009年，34頁。

19）　同前書，47頁。

20）　同前書，3頁。

21）　同前書，3頁。

22）　中村剛，前掲書，2014年，342頁。

23）　佐久川肇，前掲書，34頁。

24）　同前書，27頁。

25）　岩田靖夫『よく生きる』筑摩書房，2005年.

26）　佐久川肇，前掲書，2009年，36頁。

27）　中村剛，前掲書，2014年，352頁。

28）　清水隆則『ソーシャルワーカー論研究——人間的考察』川島書店，2012年，183頁。

29）　同前書，184頁。

30）　同前書，186頁。

31）　同前書，187頁。

32）　同前書，194頁。

33）　植田嘉好子「支援の研究に必要な実存の理解とは」佐久川肇（編）『質的研究のための現象学入門——対人支援の「意味」をわかりたい人へ』医学書院，2009年，61-68頁。

34）　同前書，65頁。

35）　清水隆則，前掲書，2012年，178頁。

36）　坪山孝「社会福祉施設におけるワーカーをめぐる諸問題——特別養護老人ホームの介護の専門性をめぐって」『ソーシャルワーク研究』18(4)，1993年，13-14頁。

37）　吉原敬典『ホスピタリティ・リーダーシップ』白桃書房，2005年。

第3章
第三者委員会とホスピタリティ

1 苦情をめぐって

社会福祉サービスの支援者と利用者間の関係

　宮内ら[1]は現在の医療福祉サービスにおけるホスピタリティの必要性について，以下のように述べている。「医療福祉サービスを考えた場合，癒しの経験価値が重要であり，人類が生命の尊厳を前提とした創造的進化を遂げるための，個々の共同体若しくは国家の絆を超えた広い社会における多元的共創関係を成立させる相互容認，相互理解，相互信頼，相互依存，相互扶助，相互発展の6つの相互性の原理を基盤とした基本的社会的倫理であるホスピタリティの実現が必要であると考える」としている。そして，その際のキーワードとして，「関心」「繋がり」「ケア」[2]を挙げている。ここで宮内らの議論の前提には，医療福祉サービスがサービスの供給側と受給側との間で，大きな情報の非対称性があり，消費経験後にその品質内容を評価することが困難であるという性格を有している[3]，ことがある。確かに社会福祉サービスは，事前に説明を受けていたにせよ，現実にサービスを利用してからでないと実感できないという性格があることは否めない。

　ホスピタリティ研究の第一人者である服部は，ホスピタリティとは「ゲストとホストが人間の尊厳を持って相互に満足しうる対等となるにふさわしい，共創的相関関係で遇する。そして期待通りまたはそれ以上の結果に満足し，再びそれを求める」[4]と述べている。確かにここにはいくつかの重要な点が示唆され

第Ⅰ部　障害者福祉サービス従事者におけるホスピタリティとは何か

ている。第一にサービスが相手の尊厳を認識しながら提供されること，第二は対等の関係性であること，第三は共創的相関関係であること，第四は今後とも継続するであろうことである。

　筆者はホスピタリティの実現を上記の通り定義することに全面的に賛成するものではあるが，果たしてその共創的相関関係の形成に向けてのプロセスについてどこまで十分な議論がされたのであろうか。徳江[5]はホスピタリティの実現はマナーに気を使うことは有効であろうが，それで確実となるわけでなく，ホストとゲストのホスピタリティ関係を構成するには極めて不確実性が高いことを述べている。即ち，効果的なマニュアルは存在せず，確実に関係性を構築することにはつながらないことを示している。

　さらに，社会福祉の領域に注目してみると，日本の社会福祉は歴史的に一方的な施しから出発したため，双方向的な権利や義務の意識は醸成されにくかった。従って，これまで社会福祉の政策及びそれに関わる施設の運営等にも，福祉サービスの利用者の声が反映されることはなかった[6]。加えて津田は，「施設利用者の家族が『何でもおっしゃってください』と言われても人質を取られている身としては何も言えない。苦情や要求は言いにくい」[7]と述べている。

　別の視点から見ると，最初から福祉サービス事業者が完全なサービスを提供することは可能なのであろうか。そこでは現場の前線で働いている従事者に過剰な期待がされてきたのではないか[8]。つまり，前線の従事者の「心」に期待して，精神性を強調した研究が多かったと徳江は述べている[9]。むしろ「自分たちはここまでやっているのだから」と謙虚な内省がないサービス提供にこそ危険性がないであろうか。

　しかし，当事者との積極的なやり取りの中で，試行錯誤していくことも必要なのではないか。そのような問題意識から，第三者委員会にそのホスピタリティ実現の一助となる可能性があるのではないかということを検討するのが本章の趣旨である。

　確かに経営学的な側面からは，苦情は一つのマーケットリサーチや組織の促進要因として位置づけられ，その対応方法も検討されてきた。それとは異なる

38

次元での議論が必要ではないかと思われたのである[10]。

ホスピタリティの普遍性[11]が唱えられる傍らで，社会福祉サービスの独自性もあると考えられるのだが，ホスピタリティは福祉領域において十分に概念化されていない[12]。なお，本章で苦情とは「社会福祉サービスに対する不満の表示」として述べていくことをお断りしたい。

社会福祉サービスにおける苦情とは

そもそも苦情と言われているものは何か。具体的に小笠原は保育園における苦情の表現パターンとして以下の4点を挙げている[13]。

(1)クレーム

（例）紛失衣類や事故損害の補償を求めるもの，原状の回復や補償を求めるもの。

(2)不平不満

（例）保護者と園側の考え方の違いにより生じるもの。

保護者の思いと現実のずれにより生じるもの。

コミュニケーション不足により生じるもの。

保護者への保育サービスの過度の期待により生じるもの。

(3)提言

（例）保育の内容やサービスの改善，施設の発展につながるもの。

設備や利用不便なものに対して改善の助言や忠告。

(4)示唆

（例）直接述べるのではなく，連絡帳などに何となくほのめかすなど。

本章では苦情を，上記の全ての表現パターンを含むものとして述べていく。決して攻撃的・闘争的な表現を伴うものとは限らないのである。

サービス利用者個人が，以上のいずれかのパターンで苦情を表現してきたことが事実としても，上記には様々な状況が想定できるのではないだろうか。例

えば以下の通りである。

　苦情により，福祉サービス利用者の当然の権利が達成できるかもしれない。逆に，それは利用者の誤解によるものかもしれない。利用者が高望みした結果であるかもしれない。あるいは利用者自身の理解不足によるものかもしれない。

　また苦情への対応についても，すぐに対応できるものもあるし，逆に現状の機構では対応が難しいものもある。そして社会福祉機関がその問題に対して正面から捉えようとしないかもしれない。そして感情的な葛藤が生じて，事実経過が不明確になってしまうかもしれない。そして，苦情を抱えられることが，サービス提供者のみの責任に帰するものではないかもしれない。むしろ設備や人員配置など，法制度に影響されているかもしれない。そもそも苦情の表現の仕方によっては，意思がきちんと伝わらないかもしれない。

　苦情対応は「サービス提供者に起因する問題により，権利を侵害された本人が，苦情を，苦情担当部署に，提起することにより，即サービスが改善し，本人の満足が得られる」という単一の経路で展開するものとしてではなく，様々な要素の複合体の交互作用であり，様々な方向に展開しうると捉えるべきであろう。そもそも社会福祉サービスに対する苦情が成立するために必要な要素として以下の点が挙げられる。これは筆者が別稿にて整理したものである[14]。苦情を一様のものとしてとらえるのではなく，五つの視点から整理すべきことを述べた。

(1)主体

　主体とは，「社会福祉サービスに対する不満足の表示」により，支援を必要とする人もしくは人々である。要求と現実に落差を感じて，それに対する一つの対処として苦情を表現する。苦情を表現することにより，問題解決と生活ストレスの軽減を図ることになる。不満足を抱いていていたとしても，即主体とはなりえない。というのは，主体はその旨が表示されることが不可欠であるためである。

(2)問題

問題とは，苦情を表現するにいたる原因である。それにはすでに発生しており，事後に対応しているものと，現在継続中のものがある。そこには内容と責任要因という二つの要素が含まれている。まず，問題を引き起こす問題の内容としては，以下の五点が挙げられる。

① サービスそのものに関すること（提供したサービスのレベルの低さ，設備の不備，サービス利用時の事件・事故，等）。

② 接客に関すること（従事者の態度・言動，不平等な取り扱い，等）。

③ 情報に関すること（説明が不足していた・サービスについて従事者が知らない，等）。

④ 金銭・設備に関すること（自己負担が高い，等）。

⑤ サービス提供者の運営システムに関すること（内部での連絡の不徹底，等）。

(3) 場所

苦情が表示される場所である。表示したものが受理されてはじめて，苦情として成立するのである。場所は三つの要素により構成されている。

① 苦情を提起する部署と従事者の配置。

② それを担当する従事者の技能。

③ 社会福祉機関における苦情受付担当従事者の存在意義の認識。

④ 場所が内外に調整機能を展開していくことにより，場所としての役割を担うことができる。

(4)過程

苦情が表現された前後の経過である。第三者委員・苦情解決委員会などの対応事例の過程を検討すると，以下の流れが認められる。

① 苦情にいたるまでの経過。

② 苦情への対応方法。

③ 苦情申し立て者の対処。

④ 結果の処理。

苦情は主訴のみにとらわれず，経過として過去・現在・未来の連続性という力動的な側面を看過してはなるまい。

第Ⅰ部　障害者福祉サービス従事者におけるホスピタリティとは何か

(5)環境

　苦情を申し立てることに対して，利用者の環境がどのような促進因子・阻害因子を持っているかである。これは苦情を提起する場所が単に存在していればよいというものではなく，利用者個々人の視点から評価されなければならない。

　次に，倉田[15]が苦情に関するインタビューにより整理した構造を紹介したい。倉田はまず，苦情申し立てにに関わる構成要素として以下の五点を挙げている。

　(1)サービス利用に際しての期待と不安。
　(2)サービス利用に向けての手続き（サービスの内容についての説明不足，事業者
　　と利用者・家族による契約の不備）。
　(3)サービス利用以降のネガティブな評価への変容（イメージしたサービスと実
　　際のずれ，誠意が感じられない事業者・従事者の姿勢・態度）。
　(4)不満表明に関わる心の葛藤（事業者側へ不満・苦情を発することのためらい，
　　改善に向けての期待）。
　(5)不満表明後の事業者の納得いかない対応。

　上記の五つのカテゴリーに分類された内容を相互に関連させて苦情の訴えに至るプロセスについてさらにまとめたものが以下のとおりである[16]。

　(1)時間的連続性（苦情申し立てに作用する要因についてはサービス提供以降の場面
　　において発生するばかりではなく，すでにサービスが提供される以前から発生し，
　　さらに不満を表明して以降の場面において時間的に連続した中で発生する）。
　(2)サービスの質的低下の常態性（サービスの提供開始以前，サービス提供開始以
　　降，不満表明以降の場面ごとに事業者の不適切な対応が散在的に認められ，サービ
　　スの質的低下が組織的に常態化している状況の下に苦情申し立てが発生する）。
　(3)不満感情の重積性。
　(4)不満表明の抑圧性（不満表明に関しては躊躇する意識が潜在する）。

第3章　第三者委員会とホスピタリティ

(5)批判性と肯定性の表裏性（事業者の不適切な対応に伴い不満感情が積み重なる
　　中で，事業者に対する批判性が表面的に出現するとともに，他方，問題解決につな
　　げることを期待する肯定性を裏面に内包する二面性を含む構造）。
(6)権利擁護システムの後押し性。

　ここで注目すべきは，苦情という葛藤状態の裏で，改善の期待を利用者が抱
いているということである。決して対立することのみを望んでいるわけではな
い。
　以上苦情について述べてきたのは，苦情を過度に美化したり，否定したりす
る必要がないことを示すためである。

2　第三者委員の概要

　以上のような構造を持つ苦情に対して，制度として第三者委員が制度化され
ている。以下にその概要を述べる。

法的な位置づけ

　2000年5月の社会福祉事業法から社会福祉法への改正により，利用者の立場
や意見を擁護する仕組みが盛り込まれた。その一つとして，全ての社会福祉事
業者が苦情解決の仕組みに取り組むことが規定された。
　サービス内容に不満や要望がある場合，第一段階として利用者と事業者の話
し合いの仕組みを設定し，施設など事業者側の従事者が苦情受付担当者となり，
利用者からの苦情内容を受け付ける。利用者が希望すれば事業者が選任した第
三者委員を交えて話し合いを行う。
　事業者が整備するべき苦情解決の体制は下記の通りである。社会福祉法に基
づき，社会福祉事業の経営者には「利用者などからの苦情の適切な解決に努め
る義務」が位置づけられた。「社会福祉事業の経営者による福祉サービスに関
する苦情解決の仕組みの指針について（平成12年6月7日付け厚生省関係四部局長

43

通知）」（以下，「指針」）では，苦情解決体制として「苦情解決責任者」「苦情受付担当者」を設置することと，「第三者委員」を設置することが示された。「第三者委員」については，社会性や客観性を確保し，利用者の立場や特性に配慮した適切な対応を推進するため，事業所外の第三者を選任する。「指針」では，評議員（理事は除く），監事，社会福祉士，民生委員・児童委員などを例示されている。

　第三者委員は，事業所段階での苦情解決に社会性や客観性を確保し，利用者の立場や状況に配慮した適切な対応を促進するために，福祉サービスを提供する事業所に設置された第三者的な立場の委員である。

　旧・厚生省（現：厚生労働省）の通知では，「第三者委員は，経営者の責任において選任する」とされており，その要件として「苦情解決を円滑・円満に図ることができる者であること」「世間からの信頼性を有する者であること」が示されている。

　第三者委員の具体的な職務は，次の8点である。

(1)苦情受付担当者からの受け付けた苦情内容の報告聴取。
(2)苦情内容の報告を受けた旨の苦情申出人への通知。
(3)利用者からの苦情の直接受付。
(4)苦情申出人への助言。
(5)事業者への助言。
(6)苦情申出人と苦情解決責任者の話合いへの立会い，助言。
(7)苦情解決責任者からの苦情にかかる事案の改善状況などの報告聴取。
(8)日常的な状況把握と意見傾聴。

利用者との接触方法

　第三者委員は，事業者に申出のあった苦情について報告を受け，対応するだけでなく，利用者から直接苦情を受け付けたり，日常的な状況把握や意見を聞いたり相談に応じる活動が期待されている。事業所の従事者には直接言いづら

い苦情でも，第三者委員には相談することができることもあると思われる。第三者委員の日常的な状況把握と意見傾聴としては，例えば次のような方法が挙げられる。

(1)電話での相談

　利用者などに苦情解決の仕組みを周知する際，第三者委員の了解を得たうえで連絡先などを知らせるなど，第三者委員に直接相談できる環境を整備する。

(2)相談日の設定

　定期的に相談日を設定して，第三者委員が事業所を訪問し，利用者から直接相談を受ける方法がある。相談室などで相談を受ける方法もあるが，利用者にとっては入って行きづらいという面もあるので，事業所の了解を得たうえで入所者の部屋を巡回したりするなど，相談しやすい環境を整えるといった配慮が必要である。

(3)家族会などへの参加

　苦情は家族や保護者などからも申出ることができる。事業所の了解を得たうえで第三者委員が家族会などに参加して，顔と名前を覚えてもらうということも，苦情を申出やすい環境整備のために重要である。

(4)従事者会議などへの参加

　事業所の従事者と第三者委員が話す機会を設け，意見交換をしたり，第三者委員に施設の雰囲気を知ってもらったりすることも重要である。

第三者委員の選任方法

　事業者は，第三者委員を設置する意義を理解したうえで，利用者の立場に立って中立公平な立場で相談を受けることのできる第三者委員を選任することが必要である。その上で，第三者委員に直接苦情を申出ることができることも含め，事業者の苦情解決体制について，利用者やその家族などの関係者に分かりやすく周知することが求められる。

　また福祉サービス提供事業者が苦情解決の仕組みを周知し，利用者などの意

第Ⅰ部　障害者福祉サービス従事者におけるホスピタリティとは何か

見を取り入れるにあたって，旧・厚生省（現：厚生労働省）の通知では，苦情解決の仕組みを「施設内への掲示，パンフレットの配布など」により周知する方法が例示されている。また，その他には，広報誌への掲載や，家族会や保護者会などの場での説明を行っている事業者もある。

3　ホスピタリティが導く共創性の構築

第三者委員会に寄せられる期待

　上記のシステムがあるからと言って，すべて円滑に展開するわけではない。例えば，「他者の現在を思いやること，それはわからないから思いやるんであって，理解できるから思いやるのではない」[17]と鷲田が述べているのは，的確な表現だと思われる。

　鷲田[18]は聞くということの前提として「不幸と困難の中にいる人は話をしない。話をしないだけではなく，そもそも不幸もしくは困難の中に自分がいるということそのことに無意識であろうとする」という状況に対して，「苦しみが，その人から聞こえてこないがゆえにそれは聴かねばならぬものである」[19]という認識に立ち，「まるで祈りのようにして向けられる注意，他者の言葉を待つ行為，他者から発せられた微かな声を声が消えた後も慈しむ行為」[20]という関わりを前提としている。上記の倉田の分析にも見られる通り，苦情表明にはそれなりのエネルギーが必要なのである。

　現実的に苦情解決の仕組みがどこまで活用されているのかは，発展途上という感がある。一つの例として，東京都における社会福祉施設に対する苦情申し立ての調査では，平成24年度中で，苦情無しと回答した施設割合が52.4％を占めている[21]。そして，苦情として提起されたもののうち，第三者委員も対応に「関わらなかった」と回答した施設は77.4％であった[22]。また申し出のあった苦情の内容（複数回答可）として，従事者の接遇（例　従事者の態度や言葉遣いが悪い，支援が乱暴）が60.0％，サービスの質や量（例　食事のメニューが単調など）が35.5％[23]であった。

身体障害者療護施設における畠山[24]の調査は，苦情解決体制も整い，第三者委員会の周知度も7割を超えている割には，苦情解決体制の利用度が低いことを示している。即ち，「苦情を申し出たことがあるか」という質問に対して「ある」と回答した居住者は53.5％であった。第三者委員を含む苦情解決体制を利用していない理由として，「言っても変わらない」37.9％，「きちんと取り上げてくれない」16.2％，「苦情を言ったことが施設にわかるかもしれない」11.8％，「苦情がない」23.1％であった。

　利用者などの意見を取り入れる工夫として，第三者委員が施設を訪問することにより，利用者とのコミュニケーションを深め，信頼関係をつくる方法がある。あまり形式にこだわらずに，何気ない会話をする中で，事業所に対する意見や思いなどが出てくることもある。改まって苦情を申出にくい人については，日常の生活場面での声かけから潜在的な希望を汲み上げてゆくことも重要と考えられる。第三者委員にとっては，本人の意向を確認したうえで，その意見や思いを事業者に伝えていくことが重要な役割となる[25]。

　第三者委員は単に「公平」「公正」「中立」な立場ということではなく，利用者の立場からは，利用者の置かれている状況を十分に理解し，利用者の代弁者となり，利用者の支援につながる役割が期待され，またそのように機能することが求められていると言えよう。

　一方で，第三者委員会はそもそも矛盾を抱えているという意見もある[26]。制度上，誰を第三者委員に選任するかは事業者の判断に委ねられていることから，第三者委員は，事業者によって委任されながら，利用者の立場に立つという矛盾した存在であるという本質的な問題を抱えている。

　このような位置づけにあることを認識し，利用者の代弁者となれる第三者委員を事業者が選任する可能性は，誠意や熱意に委ねられていると言ってよい。また，権利擁護の概念からして，利用者からも事業者からも中立，公正な立場であると理解することにも誤りがあると考える。このような矛盾を克服し第三者性を担保できるようにするには課題があるとも言える。

　施設と利用者の「橋渡し役」と捉え，苦情の申し出ができない利用者のベッ

第 I 部　障害者福祉サービス従事者におけるホスピタリティとは何か

ドサイドまで足を運び，埋もれている苦情や要望を吸い上げていく活動をしている事例もある。このことから，苦情解決制度は，苦情の申し出があって始めて機能する仕組みであるが，第三者委員はこの仕組みを機能させる，仕組みを動かしていく役割を担う必要があるといえるのではないだろうか。

　また，福祉サービスは施設内という閉鎖的で密室化しやすい場で提供されることから，第三者の関与が必要であるという視点からも，第三者委員の定期訪問の重要性を見出すことができる[27]。同時に頻度の高い訪問が利用者に苦情や要望を吸い上げていくことも示されている[28]。

苦情は何をもたらすのか

　決して苦情ゼロがゴールではないのである。苦情は「サービスの質を向上させる手段」，「情報の宝庫」として前向きにとらえて事業所の運営に役立てていくことが求められている。本章では苦情という葛藤状態の関係性を取り上げてきた。これを単に否定的にのみ考えるべきではないだろう。

　支援を必要とする人々と支援者の関係を鑑みるに，時として「従う」や，「ぶつかる」という関係性も生じうる[29]。しかし，前述した通りホスピタリティの共創的性格から鑑みるに，「向き合う」対話という可能性もある[30]。支援者が苦情という行為に出た利用者にしっかりと寄り添うことにより，「ぶつかりあうから向き合う」という関係性に発展することもあるのではないだろうか。ぶつかることにより，事業者によっては態度を硬化したり，問題から目をそらすこともあるだろう。「正論を真正面からぶつけられたとき，相手は言葉を失う」[31]ということである。この沈黙は決して共感的なものではない。求める声が高まると，心を閉ざしてしまうことも伺われる。また利用者の気持ちは支援者には十分に伝わりにくいものであり，利用者自身も支援者に気を遣うあまりに「支援を必要とする人々」が支援者に対して言いたい言葉を飲み込むこともある[32]だろう。いずれにしても，共創的関係が構築できなくなる危険性があるときに，第三者委員は両者の橋渡しの役割を担いうるのである。

　前述したように現実的には苦情が出てこないものであるが，そのような場合，

48

事業者としてはどうしたらよいのであろうか。事業者としては，苦情が出てこないのが一番と考えるであろう。けれども，トラブルになっても代替の事業所がない，家族に迷惑を掛けられない，一生懸命になっている従事者に申し訳ないなど，利用者自身から苦情を伝えにくい場合があるため，利用者が本当に満足されていると言えない場合もある。社会福祉サービスにおけるホスピタリティの特性でもある，積極的に働きかけることが求められよう。高野たちの調査結果[33]を一例として挙げれば，彼らは福祉現場のホスピタリティの特性として，次のように述べている。「寄り添う姿勢で積極的にかかわり，利用者理解を深めることが重要」「求められていることに応えることは当たり前であるが，介護職のプロはどうしたら喜んでくれるか考えて行動する」である。一般のサービスで求められているホスピタリティとは異なるところではないだろうか。第三者委員が利用者の言外のニーズを認識することの重要性が示唆されており，「サービスをもっと良くするために何か希望や意見はありませんか？」と積極的に利用者に問いかける仕組みが必要となる。これが具体的にはコミュニケーション能力の求められるところである。

　以上を経て何をなすべきかと問われれば，やはり共創的性格から従来のマニュアル的になりつつあるサービスから少しでも脱して，利用者の生活支援に向けて創造的な試みをしていくということであろう。創意工夫と創造性を発揮する社会福祉実践の現場として尾崎[34]が述べていることを引用したい。「現場は①サービスやケア，相談などの提供を通して，一人一人のクライエントの自己実現を支援し，従事者と利用者が福祉理念の具現化を図る最前線である。②現場はそこにいる人々がお互いにかかわり，交わることによって，それぞれが自らに向かい合い，相互成長・変容を目指す場である。③現場は実践を通して生活，歴史，社会について認識を深め，社会の改革に関心を持つ場である。④現場は完璧な場ではなく，どこかで不完全さを含みこんでいる。また，現場にはあらかじめ正しい答えが用意されていない。しかしだからこそ創意工夫が生かされる場であり，新たな生活文化，価値，創造性を育てうる場である」。

　新たなものを作る必要が示唆されているわけであるが，前述したように事業

者は最初から完璧なサービスを提供できるわけではない。そこにはここまで述べてきた利用者とのしっかりとした「向かい合い」である共創的関係に着目しなければならないのではないだろうか。その際に第三者委員会も共創的関係形成の一助となるのではないか。

　筆者自身の問題意識として，ホスピタリティが現場の最前線の従事者に過剰に期待されてきたのではないかということがあった。これまで美談のように感動的なホスピタリティの事例も多く紹介されてきた。

　それに対して，苦情解決がホスピタリティを具現化するための一助となるであろうことを述べてきた。むろんこのシステムの範疇で収まらないこともあろう。しかし苦情として特別視したり過大視したりせず，本来社会福祉支援の中で支援者が察知し，それを利用者とともに解決する内容も含んでいるのではないかという[35]可能性を謙虚に捉えるべきではないだろうか。そのような文脈を無視して議論しても本質を見失うことになろう。そしてそれが福祉サービスにおけるホスピタリティの共創性構築に資すると思われる。

注
  1)　宮内拓智・本多正俊「医療福祉サービスとマーケティングコミュニケーション」『京都創成大学紀要』7，2007年，135頁。
  2)　同前書。
  3)　同前書，128頁。
  4)　服部勝人『ホスピタリティ学のすすめ』丸善，2008年，104頁。
  5)　徳江順一郎「ソーシャル・ホスピタリティの前提」徳江順一郎（編著）『ソーシャル・ホスピタリティ』産業能率大学出版部，2013年。
  6)　牧田満知子・岡本美也子「社会福祉法における質の評価——兵庫県国保連データの苦情内容にみる共時的比較を分析視点として」『甲子園短期大学紀要』20，2001年，9頁。
  7)　津田耕一『施設に問われる利用者支援』久美，2001年，54頁。
  8)　徳江順一郎，前掲書，2013年，10頁。
  9)　同前書，10頁。
 10)　佐藤知恭『顧客苦情処理の実務——もう一つのサービス・マーケティング』中央

経済社，1989年，45頁。

11) 服部勝人，前掲書，2008年，p.104。

12) 高野恵子・堀内泉・峯本佳世子「高齢者施設におけるホスピタリティに関する調査」『甲子園短期大学紀要』33，2015年，41頁。

13) 小笠原文孝『保護者の要望をどう受け止めるのか──苦情解決・第三者評価に求められる保護者への説明責任』フレーベル館，2002年，39頁。

14) 星野晴彦「社会福祉サービスへの苦情対応におけるマネジメントの意義」『文明とマネジメント』4，2010年，144-147頁。

15) 倉田泰路「介護保険サービスにおける苦情の構造──国民健康保険団体連合会等における苦情申立人に対するインタビュー調査の分析を通じて」『社会福祉学』54(2)，2013年，44-54頁。

16) 同前書，44-54頁。

17) 鷲田清一『聴くことの力』筑摩書房，2015年，243頁。

18) 同前書，158頁。

19) 同前書，158頁。

20) 同前書，160頁。

21) 東京都社会福祉協議会福祉サービス運営適正化委員会『福祉サービス事業者における苦情解決・虐待防止の取り組み状況調査』2014年，20頁。

22) 同前書，21頁。

23) 同前書，23頁。

24) 畠山千春「身体障害者療護施設における権利擁護の現状と課題」『共栄学園短期大学研究紀要』21，2005年，212頁。

25) 高山由美子「福祉サービス利用者支援における苦情解決システムと『第三者』の機能」『日本ルーテル神学校紀要』37，2003年，47-53頁。

26) 高松智画「福祉サービスに関する苦情解決制度における第三者委員の役割」『龍谷大学社会学部紀要』43，2013年，51頁。

27) 同前書，52頁。

28) 同前書，52頁。

29) 大熊由紀子・開原成充・服部洋一『患者の声を医療に生かす』医学書院，2012年，184頁。

30) 同前書，184頁。

31) 同前書，184頁。

32) 鷲田清一『〈弱さ〉の力──ホスピタブルな光景』講談社学術文庫，2014年，

第Ⅰ部　障害者福祉サービス従事者におけるホスピタリティとは何か

125-140頁。

33)　高野恵子・堀内泉・峯本佳世子，前掲書，2015年，41-48頁。

34)　尾崎新「葛藤・矛盾からの出発」尾崎新（編）『「現場」のちから——社会福祉実践における現場とは何か』誠信書房，2002年，10頁。

35)　岩間伸之「対人援助のコミュニケーション」大國美智子編集代表：大阪府社会福祉協議会大阪社会福祉研修センター編集『福祉サービスにおける第三者委員苦情解決ハンドブック』中央法規出版，2001年，91頁。

第Ⅱ部　ホスピタリティの向上と個人・組織のあり方

第4章
ドラッカー理論と社会福祉サービス

1 社会福祉はサービスなのか？

社会福祉支援の特性を生かすドラッカー理論

　現代社会における科学技術の高度化や情報化，少子高齢化の進行，生活構造の変化は，人間疎外，世代間の断絶，地域連帯意識の減退など，人々の生活全体に広く深く関わるようになってきている。それによる複雑多様化した生活問題は特定の人々に限らない形で福祉ニーズを増大させ，深刻化させている．そして，その尊厳や権利の擁護と，自立的な生活の充実のための援助や支援に対する社会的な要求が，その重要性とともにますます高まってきている。

　このような状況のもと，社会福祉従事者は，福祉ニーズのある福祉サービス利用者（以下「利用者」）との対等で平等な人間関係や利用者の尊厳，自己実現の尊重などを重視した明確な倫理に基づいた実践行為が求められている。社会福祉法はこれまでの社会福祉の支援を「社会福祉サービス」として明記した。社会福祉法では第3条で（福祉サービスの基本的理念）として，以下のように規定している。「福祉サービスは，個人の尊厳の保持を旨とし，その内容は，福祉サービスの利用者が心身ともに健やかに育成され，又はその有する能力に応じ自立した日常生活を営むことができるように支援するものとして，良質かつ適切なものでなければならない」。また，第78条で，「社会福祉事業の経営者は，自らその提供する福祉サービスの質の評価を行うことその他の措置を講ずることにより，常に福祉サービスを受ける者の立場に立って良質かつ適切な福祉

第Ⅱ部　ホスピタリティの向上と個人・組織のあり方

サービスを提供するよう努めなければならない」としている。

　日本の社会福祉は歴史的に一方的な施しから出発したため，双方向的な権利や義務といった意識は醸成されにくかった。従って，これまで社会福祉の政策及びそれに関わる施設の運営等にも，福祉の利用者の声が反映されることはなかった[1]。現在は社会福祉の支援がサービスとして法的に承認されており，一般的にサービスにおいて，需要者のニーズを即座に解消するように，迅速で無駄なく能率的に努める合理主義が基盤となる[2]。福祉サービスとは生活領域での同情心や道徳権といったインフォーマルな規制にゆだねておくのではなく，その権利の制度化が促されるようになるのである[3]。単なる個人的な善意のレベルを超えて，組織的に標準化した支援がなされるということである。そこでは公費や私費により支援する者は報酬が支払われることになる。

　確かにサービスとして位置づけられることにより，前進した部分もあろうが，システムとして成立することにより，共通性と平等性が求められるようになるだろう。特に行政が提供するサービスは規則や手続きを重視するため，場合によっては利用者の個別的な事情が無視されることがある[4]。また，福祉サービスは，その硬直化の危険性も懸念される。また官僚化して人々とそのニーズに対する反応が弱められるおそれがある[5]。

　社会福祉の支援をサービスとして捉えていくことの硬直性の危険性とその克服を図るにはドラッカーの理論が有効なのではないかというのが本章の趣旨である。それは特に個別のレベルではなく，組織として提供するサービスとして考えたときに有効である。

　本章で社会福祉の支援がサービスと称される風潮がある中で，「社会福祉はサービスなのか」という素朴な疑問を検討してみたい。そして，契約に基づく一般的サービスとは異なる，社会福祉支援の原点ともいうべき「寄り添う」という特性を十分に考えていく必要があると思われた。なお，サービスには様々な使われ方がある中で，本章では社会福祉サービスは「その目的，機能から言って心身の機能喪失によって生じる生活上のハンディキャップに対する非金銭的給付，すなわち生活障害に対する保障である」[6]として論じることとする。

第4章　ドラッカー理論と社会福祉サービス

サービスを捉える際の五つの注意点

　社会福祉の支援をサービスと位置づけることにより，以下のいくつかのメリットが認められる。

(1)利用者・消費者と位置づけられ，気まぐれによる施しとは異なる，契約としての権利・義務　が発生する。

(2)公的責任に基づき，一定の標準化された支援が提供される。施しではないために，公費・私費の支払いがあり，一定の定式化された持続可能な支援が期待することができる。

(3)支援者自身も一定の業務体系が示されるために，自分が何をすべきか分かりやすくなる。

　以上を踏まえた上で五つの視点を示したい。第一に社会福祉サービスが成立する要件である。岩田[7]の整理によると以下の三点にまとめられる。

(1)ニーズの一般性である．その便益が個人に帰属するようなサービスや財であったりしても，そうしたサービスへのニーズが多数の人々に共有されているとみなされる場合は，その一般性，普遍性が前面に出て，教育や医療と類似の扱いを受けることがある。

(2)本来社会全体が補償として負担すべき費用を福祉サービスが代替するという意味で公共的性格が強いものとみなされることがある。

(3)本人のニーズにこたえるだけではなく，むしろ家族が負担していたその重荷を一部か全部，社会が肩代わりすることによって家族にとっての利益をもたらす。その家族はこれらのサービスによって労働市場での義務を果たし，地域における市民としての役割を果たすことができる。

　いずれにせよ福祉サービスとしての制度化・システム化がなされる（公費が支出される）には，公的な支援をする必要があるという意味で，社会が承認す

57

第Ⅱ部　ホスピタリティの向上と個人・組織のあり方

る必要があるということである。それが家族や友人による善意に基づく支援とは根本的に異なるのである。そして，そこには一定の共通性や基準適合性が求められる。

　第二にサービスの特性と両極性に関してである。津田は，「施設利用者の家族が『何でもおっしゃってください』と言われても人質を取られている身としては何も言えない。苦情や要求は言いにくい」[8]と述べている。具体的には医療福祉サービスがサービスの供給側と需給側との間で，大きな情報の非対称性があり，消費経験後にその品質内容を評価することが困難であるという性格を有している[9]。利用者本位と言いながらも，多く領域でサービス提供者との力関係がある。特に社会的に承認された方向性にとどまっていなければ，サービスが停止される可能性もある。さらに現行の介護保険ではケアというサービスの利用者と購買者（保険事業者即ち自治体）とが異なっている。ケアの提供者はおのずと購買者の利益を優先するであろう[10]。他方で，高齢者の施設では利用者を「利用者様」と称することもある。接客における意識改革の一歩にはなったと思われるが，違和感を感じる人は少なくないであろう。丁寧な呼び方ではあるけれど，「さん」ではなく，なぜ「様」でなくてはならないのだろうか。

　第三に自立支援に関わる性格も有することである。教育をサービスという風潮もある，がこれをサービスとして捉えるのには教員たちにも抵抗がある（これはソーシャルワークにも教育的機能があるので無関係ではない）。福祉支援はレジャーランドではない，障害者の自傷・他害行為には行動の抑制も伴い，一般のサービスと同一視されないというものである。

　第四に個別と普遍の対立である。一般的な社会サービスの場合，その問題発見の論理は，あくまで社会の価値のレベルで問題が認識される過程を明らかにして，問題解決の論理はその問題を有する抽象化された個人を想定して，その者が問題を解決できるようにサービスを用意するところまで明らかにされていればよい[11]。個人は社会的承認を受けるやり方で社会生活上の基本的要求を充足せねばならず，社会福祉の狙う社会的人間像にそぐわない場合は，自己決定が制限されても仕方がないことになる[12]。

58

第4章　ドラッカー理論と社会福祉サービス

　岩崎はそのジレンマを次のように述べている。「社会福祉は個人の主体性を全く無視して社会の価値レベルの判断を個人に押し付けることも，個人の価値レベルを尊重して他の社会サービスと同様にその領域に踏み込まないで済ますこともできず，社会と個人の価値対立が不可避的に起きる」。まさにこの価値対立などにおいて，仕方が無いとあきらめないところにイノベーションがうまれる機会があるのではないか。

　第五に，スタッフの裁量の問題を挙げることができる。福祉事務所の相談援助職であるソーシャルワーカーが多くのケースを担当している中で，担当地域の一人ひとりに目が配ることができずトラブルを抱えるケースのみに追われることがある。それ以外の方に対するフォローはできておらず，自分の力量でできる範囲のことを行っている。標準的なサービスということが今日言われるようになったにもかかわらず，必ずしもしっかりとした基準にのっとっているわけではない。

　第六に，契約に基づくサービスとして形成されていないものに対しても，敏感に接していかねばならない。鈴木[13]は福祉サービスの利用者には3種類があるとしている。

(1)自ら福祉サービス情報を入手し，選択し，利用契約について判断・決定できる人。
(2)ソーシャルワーカーなどからの情報提供や支援を受けることができれば，サービスを選択し利用契約について判断・決定できる人。
(3)自らの力では，情報入手はもとより福祉サービスの選択や利用契約ついて判断・決定をすることが困難な人。

　そして契約による福祉が前提にしているのは，(1)と(2)であり，保育サービスの利用者の大多数と介護サービスの一部分がここに含まれるとしている。しかし，社会福祉は伝統的に(3)の状況になった人々を基層としている，と述べている[14]。

59

第Ⅱ部　ホスピタリティの向上と個人・組織のあり方

2　ソーシャルワーカーの倫理綱領と社会福祉サービス従事者の意識

　社会福祉の領域で支援する側のホスピタリティに近い概念を端的に示しているのが，ソーシャルワーカーの倫理綱領（社会福祉専門職団体協議会代表者会議・（2005年1月27日制定））であろう。前文には「われわれソーシャルワーカーは，すべての人が人間としての尊厳を有し，価値ある存在であり，平等であることを深く認識する」とある。そして「価値と原則」のⅠでは「（人間の尊厳）ソーシャルワーカーは，すべての人間を，出自，人種，性別，年齢，身体的精神的状況，宗教的文化的背景，社会的地位，経済状況等の違いにかかわらず，かけがえのない存在として尊重する」と，している。

　そして，倫理基準Ⅰには「利用者に対する倫理責任」として，「（利用者との関係）ソーシャルワーカーは，利用者との専門的援助関係を最も大切にし，それを自己の利益のために利用しない。（利用者の利益の最優先）ソーシャルワーカーは，業務の遂行に際して，利用者の利益を最優先に考える。」と述べられている。

　加えて，倫理基準Ⅱの実践現場における倫理責任には「1（最良の実践を行う責務）ソーシャルワーカーは，実践現場において，最良の業務を遂行するために，自らの専門的知識・技術を惜しみなく発揮する」とある。言ってみれば，サービス利用者を「かけがえのない存在」と見なし，それに対して全精力を傾けて支援していく姿勢が標榜されている。ただし，それを支援する組織の姿勢は示されてはいない。

　現実的に前線の従事者はどのように捉えているのか。以下に筆者が行なった調査結果の概要を示す。

（1）目的

　上記の倫理綱領に関連する，現場の最前線の社会福祉サービス従事者の意識を調査した。併せて看護，宿泊業従事者との意識の比較を行う。それにより障

60

第４章　ドラッカー理論と社会福祉サービス

表4　障害者福祉サービス・宿泊業・看護の従事者への意識調査

		利用者の要望が想定外でも創意工夫を凝らして対応する					
		強く思う	少し思う	どちらでもない	あまり思わない	全くそう思わない	合　計
業種	宿泊業	57(28.5)	108(54.0)	21(10.5)	13(6.5)	1(0.5)	200(100.0)
	福　祉	51(25.5)	105(52.5)	39(19.5)	5(2.5)	0	200(100.0)
	看　護	31(15.5)	115(57.5)	42(21.0)	11(5.5)	1(0.5)	200(100.0)
合　計		139(23.2)	328(54.7)	102(17.0)	29(4.8)	2(0.3)	600(100.0)

害者福祉サービスの従事者の利用者に対する意識を相対的に探る。

(2)方法対象

　2013年10月に全国の障害者福祉サービス・宿泊業・看護の従事者各200人，計600人に対してウェブ調査を行った。設問は「利用者に接する際の，あなたの行動や考えについて，必要と思うかについて当てはまるものを答えてください」とし，「利用者の要望が想定外でも創意工夫を凝らして対応する」に対する回答は表4の通りであった。

　表4を要約すると以下の通りである。全業種で「どちらでもない」「あまり思わない」「全くそう思わない」が約23％を占めており，「強く思う」「少し思う」と「どちらでもない」「あまり思わない」「全くそう思わない」に関して，業種間の有意差が認められなかつた（カイ二乗検定　p=073＞0.05）。約23％をどう捉えるかには様々な議論もあろうが，「創意工夫を凝らそうとする」に思わないと考えてしまう割合が，これだけいることは重要な意味があると思われる。言ってみれば目の前の利用者に寄り添うよりも，組織として想定されたマニュアルを第一に行動する可能性が伺われるのである。

　福祉現場の従事者を指導する立場より，久田[15]は時代が「介護や支援を必要とするかわいそうな人という温情や同情の対象とした古い利用者観から，当然の権利としてサービスを利用する人というポジティブな利用者観」に変換しつつあると述べている。そして，「使命の把握は利用者に必要とされる人財となるための初めの一歩であり，従事者個人もしくは職場全体が，使命感は持ち合

61

わせているつもりでも，具体的にどんな使命を果たすために働いているか，説明を求められても説明できないとすれば極めて危うい状態にある。日々の業務がマンネリあるいは低レベルのケアに陥っている公算が大きい」と述べている。

それに対して，遠藤[16]は社会福祉サービスの原点が本来「顧客の満足」であるにもかかわらず，現場ではそれが遵守されていないと述べている。

3　組織マネジメントの重要性

今日，非貨幣的ニーズの顕在化の中で，そのニーズを充足するために対人福祉サービスが大いに求められており，その中で対人福祉サービスを商品化していこうとする動きが強くなっている[17]。経営効率性を主たる目的とした，福祉従事者の非正規雇用化という労働環境自体が，利用者を「かけがえのない存在」として認識することを難しくさせる危険性をはらんでいる。

表4の調査結果は「サービス＝支援を必要としている人々への献身」を阻む職場の実態の危険性を示唆するものではないか。実際に前線で活動している従事者が，自分たちの対応できる限界に照らし合わせて，マニュアルに従って行動し，それを超えることに消極的になってしまう可能性が示唆されてきた。上記の個別性に及ばないことを，個々の従事者の問題と矮小化してはなるまい。ドラッカーは前線の従事者にもミッションを感じさせることの意義を述べている。長くなるが引用したい[18]。「非営利組織の強みは報酬のためだけではなく，大義のために働くことにある。それだけに組織の側に情熱の日をもう続けさせる必要がある。仕事を労働にさせてはならない。ミッションを感じることこそが非営利組織の活力の源泉である」。

上記の危機的状況の克服に，ドラッカーの言説が参考になる。それは，「営利・非営利組織を問わず，マネジメントが顧客の満足を成果とすべき」[19]である，と「マネジメントにより人がいきいきと働くことができるようにしなければならない」[20]，である。

彼の「顧客の満足」という言説に見られるように，組織は組織としての使命

を目標として設定する必要があり，それを実現しているか否かについては成果を評価し続けなければならない。成果は共通して顧客の満足とすべきであり，これは従事者自身や組織の利益追求を第一義とすべきではない。

　他方で従事者も成長させるように努力されるべきである。特に非営利組織について「人々の生活と社会に変化をもたらすために存在している」，「生活の改善が常に出発点であり到達点である」[21]と，ドラッカーは述べている。

　また，「貢献という見地から自らの目標を設定しなければならない」[22]，「意図が良ければ成果はなくともよいというものではない」[23]とも述べている。謙虚に自らの活動を問い直す必要がある。むしろ非営利組織において，人格的交流を伴う場面において個人のみの資質に帰せず，組織として考えていく必要を示唆してくれるものである。

　特にドラッカーの理論から筆者が有効と考えているものを二点挙げたい。第一はミッションに関して，第二はイノベーションである。

　第一のミッションに関して述べれば，日本の社会福祉は歴史的に一方的な施しから出発したため，双方向的な権利や義務といった意識は醸成されにくかった。これに対してドラッカー[24]は非営利組織のミッションに以下の三点を含まなければならないとしている。

(1)機会すなわちニーズを知らなければならない。

(2)自らの手にする人的資源，資金，そして何よりも能力によって世の中を変え，自ら基準となるものは何かを考えなければならない。自らが基準となりうるためには優れた仕事を行うことができなければならない。成果に新たな次元を持ち込むことができなければならない。

(3)心底価値を信じているか。ミッションとは非人格的なものたりえないものである。コミットメントなしに物事がうまくいったという例を知らない[25]。

　実は社会福祉サービスとして成立しておらず，支援の手が差し伸べられていないが，支援を必要としている人々は多数いる。そのニーズを認知することが

第Ⅱ部　ホスピタリティの向上と個人・組織のあり方

求められる。伝統的な援助形態が今日の人々に対してニーズの効果的に対応するにはあまりにも固定化して動かないものになっており，そのニーズに適切なサービスが求められているのも事実である。そして，前述した個別の価値を重要視したサービスを提供していくことも求められる。また前述した自立支援の目的を考えると皮相的な顧客の満足に留まるわけにはいかない。マニュアル通りしてよればよいというものではないのである。

　それに対して，非営利組織の性質として，「自分の組織の行っていることは本質的に望ましいことである，という前提に立つ」「自分の組織が受け入れられないのは相手の無知が原因であると考える」など，自分たちのはたす社会的使命を至上のものと考え，客観性を失いやすい[26]。本当にニーズがそこにあるのか，自分たちが頑張っているというのではなく，自分たちはどのような成果を上げているのかを謙虚に評価しなければならないのである。

　第二のイノベーション（innovation）とは，物事の「新機軸」「新しい切り口」「新しい捉え方」「新しい活用法」を創造する行為である。ともすると，新しい技術の発明に矮小化されがちであるが，新しいアイデアから社会的意義のある新たな価値を創造し，社会的に大きな変化をもたらす自発的な人・組織・社会の幅広い変革という側面を見落としてはならない。過去の仕組みなどに対して，全く新しい技術や考え方を取り入れて新たな価値を生み出し，社会的に大きな変化を起こすことを指す。これは福祉の支援がサービスとしてシステム化し，これが硬直化しないようにするために極めて重要な視点と言える。

　これは福祉現場で一人ひとりの利用者の支援が十分にできなかったとしても，「仕方がない」と諦めてしまう精神構造を形成する一つの要因となりうる。確かに資源には限りがあるのだから仕方が無いと考えるのも一つの立場ではあろう。しかし，中村[27]は，「仕方が無い」といった現実に対する了解は，他の福祉サービスの提供に基づく他の生活の可能性を抹消してしまう，と述べている。さらに，人間社会における現実は，他でもありうるという可能性に思考が開かれたとき，今の現実は「仕方が無い」「不運」ではなく，本来はこうすべきなのにしていない不正義の経験なのではないかと思い，考える可能性が生まれる，

64

と提起している[28]。そこにマネジメントとして克服していく必要性が痛感されるのである。

品質の安定化そのものがサービス提供の目標ではなく，顧客の満足こそが本来の目標になる。「客観的品質の安定性を目指すのではなく，直接的に顧客の主観的品質向上に働き掛けられるような，マニュアルに縛られるのみではないマネジメント」[29]が志向されることになる。「スタッフの自発的で自律的な活動を促し，マニュアルはネガティブリストにとどめる」[30]，ということは利用者に本当に寄り添った活動の柔軟性をマネジメントする際の必要条件となる。

ドラッカーは自らの組織が社会に貢献するためのマネジメントに関して，「組織に特有の使命あるいは目的を果たすことに加えて，組織にかかわりのある人たちが生産的な仕事を通じていきいきと働けるようにすること」[31]の重要性を述べている。加えて「組織において創造性は高められるよりも，殺される場合が多くなる危険性を組織自体が持つ」[32]，という指摘もある。

福祉サービスの提供において，陳腐な従来通りの方法で対応しようとしては，本質的な問題解決となりえない。そしてそのような形でのみ取り組むことは，「閉塞感・無力感・無責任化・セクショナリズム化を増すこと」[33]となってしまう。それは組織が人材を育てるということ，組織が合理的に展開すること，また組織が持つ変革の可能性を捨ててしまうということである。ドラッカーによるマネジメントを，現在の社会福祉サービスにおいて研究する存在意義はまさにそこにある。

注

1) 牧田満知子・岡本美也子「社会福祉法における質の評価——兵庫県国保連データの苦情内容にみる共時的比較を分析視点として」『甲子園短期大学紀要』20，2001年，9頁。

2) 服部勝人『ホスピタリティ学のすすめ』丸善，2008年，103頁。

3) 岩田正美「社会福祉理論における社会福祉サービスの位置と意味——とくにパーソナル・ソーシャルサービスの拡大をめぐって」『人文学報』281，1997年，20頁。

4) 武川正吾「社会福祉に内在する非対称性——権力と参加」『社会福祉研究』121，

第Ⅱ部　ホスピタリティの向上と個人・組織のあり方

鉄道弘済会，2014年，27頁。

5)　エリクセン，クリスティアン／豊原廉次郎（訳）『ヒューマン・サービス──新しい福祉サービスと専門職』誠信書房，1982年，8頁。

6)　荒木誠之『社会保障法読本』（第3版）有斐閣，2002年，180頁。

7)　岩田正美，前掲書，1997年，19頁。

8)　津田耕一『施設に問われる利用者支援』久美，2001年，54頁。

9)　宮内拓智・本田正俊「医療福祉サービスとマーケティング・コミュニケーション──ホスピタリーマネジメントの視点から」『京都創成大学紀要』7，2007年，128頁。

10)　上野千鶴子「ケアされるということ──思想・技法・作法」上野千鶴子・大熊由紀子・大沢真理・神野直彦・副田義也（編）『ケアされること』（ケア　その思想と実践3）岩波書店，2006年，26頁。

11)　岩崎晋也「社会福祉における社会と個人の価値対立──岡村理論と三浦理論の批判的検討」『人文学報』272，1996年，58頁。

12)　岡村重夫『社会福祉原論』全国社会福祉協議会，1983年，98頁。

13)　鈴木五郎「新社会福祉法と地域福祉」『ソーシャルワーカー』7，2003年，2頁。

14)　同前書，3頁。

15)　久田則夫『デキる福祉のプロになる現状打破の仕事術』医歯薬出版，2007年，2頁。

16)　遠藤正一『究極の介護サービスを創る──夢と感動を届ける体験的介護論』日本医療企画，2006年，16頁。

17)　末崎栄司「社会福祉サービスの商品化における商品の意味」『佛教大学社会福祉学部論集』8，2012年，1頁。

18)　ドラッカー，ピーター／上田惇生（訳）『非営利組織の経営』ダイヤモンド社，2007年，168頁。

19)　ドラッカー，ピーター／上田惇生（編訳）『チェンジ・リーダーの条件』ダイヤモンド社，2007年，17頁。

20)　ドラッカー，ピーター／上田惇生（編訳）『マネジメント──基本と原則〔エッセンシャル版〕』ダイヤモンド社，2001年，9頁。

21)　ドラッカー，ピーター／上田惇生（訳），前掲書，2007年，125頁。

22)　同前書，124頁。

23)　同前書，126頁。

24)　同前書，7頁。

第4章　ドラッカー理論と社会福祉サービス

25）　同前書，6頁。

26）　河口弘雄「非営利組織のマーケッティングの課題と展望」『経営教育研究』1，1998年，129頁。

27）　中村剛「社会福祉における正義──「仕方ない」から「不正義の経験」へ」『社会福祉学』49(2)，2008年，3頁。

28）　同前書，5頁。

29）　徳江順一郎（編著）『サービス＆ホスピタリティマネジメント』産業能率大学出版部，2011年，188頁。

30）　高橋量一「ホスピタリティ・マネジメント──その組織認識論的考察」『ホスピタリティマネジメント』1(1)，2010年，42頁。

31）　ドラッカー，ピーター／上田惇生（訳），前掲書，2007年，23頁。

32）　十川廣閏「ミドルマネジメントと組織活性化」『三田商学会』43，2000年，18頁。

33）　星野晴彦『介護福祉士のためのソーシャルワーク──生活施設における QOL に対する取り組みの相違』久美，2006年，10頁。

67

第5章
障害者の脱施設化と福祉サービス従事者が抱える課題

1　脱施設化における日本の特異性

　筆者はこれまでの研究から知的障害者福祉サービス従事者が利用者に対する
ホスピタリティ（サービス利用者をかけがえのない存在として捉えて支援する）意識
を形成する際に，どのような要素が，どのようなプロセスで展開するのかを明
確にすることを検討してきた。

　その中で知的障害者の生活の質を向上させるためのホスピタリティ意識を考
える際，知的障害者の地域生活支援まで視野に入れなければならないと考えた。
さもなければホスピタリティ意識が単なる「笑顔」「言葉遣い」などのおもて
なしの技術論に矮小化されてしまうためである。

　前述したように，現在わが国では知的障害者の支援施策として，入所施設か
ら地域生活へ移行する取り組みが行われている。

　政府が2002年に定めた「障害者基本計画」では，入所施設から地域生活への
移行推進の方向が示され，入所施設に関して「施設等から地域生活への移行推
進として入所者の地域生活移行の促進と入所施設は，真に必要なものに限定す
る」という考えを示した。障害者の生活の場は国の脱施設化政策により近年グ
ループホーム（知的障害者が少人数で一つの住居で生活し，世話人が支援する形態）
がその存在感を増している。集団生活を余儀なくさせる施設ではなく，少人数
で生活することにより極めて自立的で人間的な生活が保障されることになる。
グループホームで生活するようになり，親，きょうだい，養護者，そして本人

69

第Ⅱ部　ホスピタリティの向上と個人・組織のあり方

が物理的・精神的にプラスの影響を受ける。特に本人は親，きょうだい，養護者から離れ，一人で生きていける可能性を実感し，エンパワメントされ，成長することができる[1]。

　しかし，1989年の制度化以来，現実的にはその移行は十分に進んでおらず，中核的施策として展開してきたとは言いがたかった。今後施設からグループホームなどへの地域生活移行を進め，入所者を減らす政策によりグループ利用者は増えていくであろう。しかし，現在でも11万人以上の知的障害者が入所施設で生活している[2]のに対し，グループホーム利用者は6万人弱である[3]。その阻害要因として，行政の支援の薄さ，世話人不足，グループホーム事業を運営する資金不足が挙げられる[4]。

　さらに地域生活推進の阻害要因を示すように近年「介護・障害者福祉従事者の人材確保のための介護・障害者福祉従事者の処遇改善に関する法律」が制定された。即ち障害者福祉サービスに従事する従事者が確保困難になっている深刻な事態を示すとともに，その重大性を国が認識したということである。

　顧みれば，20世紀前半，欧米の多くの国々では大規模な入所施設を作り，知的障害者を収容していたが，ノーマライゼーションの理念がデンマークのバンクミケルセンによって提唱され，生活の質の向上や人権の保障のために，地域の小規模な住居でサービスを受けながら暮らす生活へと施策の焦点が変化した[5]。

　しかし，これらの議論を概観して，前線の従事者のホスピタリティ意識にかかわる論述は極めて少ないように思われる。ノーマライゼーションという理念[6]，法政策の成り立ち，財政問題と施策の効率性[7]，政策策定関係者[8]の理念と活動，に関してはかなり議論されてきたと思われるが，前線の従事者に関しては，正面から取り上げられてこなかった感がある。

　だが，現場の最前線の従事者のホスピタリティ意識も踏まえておかなければ，その地域生活の支援は空論となってしまう危険性もあるのではないか。そのため，本章は脱施設化に関して，従事者の視点から論じられた先行研究を整理して，従事者のホスピタリティ意識を研究するための基礎資料としたい。

第**5**章　障害者の脱施設化と福祉サービス従事者が抱える課題

　筆者自身は別稿[9]において日本とスウェーデンが共通の史的発展段階（施設入所主義から脱施設化）をたどっているのではないかと論じたが，末光[10]は欧米の動向を無批判に取り入れる傾向を「模倣的志向」として懸念しつつ，表面的な違いの優劣を超えた本質的検討」「それぞれの国の歴史と文化に根差した背景を考慮しつつ，総合的に判断する」ことが必要であると述べている。また，渡辺[11]は欧米における脱施設化の過程を振り返り，収容施設批判と「悪い施設からいい施設のすまい」へという理念が生まれ，施設とグループホームの関係は相互に排他的な対立概念として捉えられているとしている。

　これに対して日本の場合は諸外国と異なり，入所施設とグループホームが同時進行で整備されてきたという点で「並列概念」であるとしている。言ってみれば，日本では脱施設化以前の施設化の過程も未熟なままに推移してきたという歴史的相違が指摘されよう[12]。入所施設の基盤整備が始まったばかりの時に，ノーマライゼーションの思想が入ってきたため，入所施設整備と地域福祉サービスの整備という理念的に相反する二つの施策を推進することになった[13]。そおため，各国の出発点の違いに加えて，目指されるゴールの違いも視野に入れて検討する必要があるといえるであろう。また欧米の大規模施設批判も社会的，政治的，そして経済・財政的な背景があり，その社会的文脈から切り離して論じることはできないことも明記しておく[14]。

2　脱施設化と当事者・従事者をめぐる論点

　脱施設化に関して従事者に言及された論点を整理すると，以下の五点にまとめられることができる。

(1)脱施設化に対して疑問を抱く視点
　笠原[15]は知的障害者入所施設の生活支援員へのインタビューを通して，入所施設では援助者側の意向が本人の意思より優先されてしまう傾向があるとし，施設の内部で経験を拡大することには限界があり，利用者が主体となった生活

体験は施設による集団の中では確保されにくいことを論じている。

樽井は[16]日本でも入所施設の逆機能という現象自体は明確に把握された現実的な事実でありながらも，脱施設化の議論が単純化された明快なものとならず，矛盾や多義性を内包している，と述べている。そして，蜂谷[17]は地域移行に対する施設従事者の意識に関する調査を行い，結果，地域移行に対する「積極意識」「慎重意識」の両側面の関係を明らかにしている。

そこで脱施設との地域移行に関する議論の焦点は，理論的賛否ではなく，日本の現状を踏まえた具体的な現実検討であると考えられる。その一例として，中村と相澤[18]は自分たちのインタビューの調査結果により，入所施設の逆機能は「入所施設の本体として避けがたく存在するものではなく，それは援助の質の問題であり入所施設の宿命的な課題ではないと現場にある者たちは考えているのではないか」という見解を述べている。

他方で従事者への意識調査で，重度の障害，例えば常時医療の必要な利用者や強度行動障害のある利用者にとっては，知的障害に理解のある医療機関の確保や多少の逸脱的な行動をも許容できる物理的環境など，安心感を与えてくれる有効な社会資源でもある[19]，という意見が示された。

(2)当事者の環境変化に対するゆれに丁寧に対応する視点

筆者は別稿[20]において従事者のホスピタリティ意識が当事者の地域生活移行における「ゆれ」にどのように影響するかについて論じた。

利用者は地域生活移行の処遇のプロセスで，主体的な選択と決断を迫られる。生活の多くの部分で従事者の支援があったとしても，重要な決定については十分な説明を受けて自分なりの判断を加え，最終的には自分で決定していくことが求められる。利用者が大事な決定をする場（目標・方法等）で，多かれ少なかれ気持ちの「ゆれ」が生じる。従来の生活のあり方と変化が生じるため，変化に対する反作用としてである。それに対して従事者は，「ゆれ」に本人が立ち向かっていくことに見通しを持って支援していくことになる。本章では当事者の心理的側面に着目して「ゆれ」という語を用いることとし，「ゆれ」を次のように定義したい。「支援場面において問題の解決若しくは改善のために選

択肢（目標・方法）を提示する重要な場面がある。その際に当事者の中でどちらを選ぶべきか，若しくは選択肢を選ぶか現状維持にするか，混乱・葛藤・迷いが起きること」とする。不確実性への不安に向き合い，また社会的責任・役割を担っていくことには，自我の成長の側面も含んでいる。

　さらに，本人が適切な情報を持っていないことは，「ゆれ」の程度に影響する。そして適切な情報提供により緩和されることになる。

　「ゆれ」の原因は，潜在的なアンビバレンスが反映したものである（相反する誘引に引かれている）。介入により生活の質の変化を促していくということは，本人たちの選択により，一度定着したかに見えた生活のスタイルや社会関係が変化することになる。しかし，変化を起こすことに，当然その反作用として本人に「ゆれ」が生じる。「ゆれ」の要因にはいくつか挙げられるが，その一つとして従事者に対する疑問が挙げられる。「従事者の説明は実はよくわからない，言う通りにしていて大丈夫なのだろうか」「この従事者の情報は正しいのだろうか」「自分の頭越しに話を進めすぎではないか」「なぜこの人の言う通りにしなければならないのか」など，従事者に対する疑問が残る状況である。

　現在，知的障害者福祉において，地域生活移行が促進されている。入所施設で生活していた知的障害者をグループホームなどの受け皿を用意して，地域での生活を可能にするというものである。ただし，その移行に当たって，ともすると移行者・移行時期・共同生活者・移行場所の決定が，実質的には従事者のみにより行われているという指摘もある[21]。また地域移行に戸惑いを感じる利用者に対して，利用者への理解が乏しい従事者は地域移行を拒否していると捉えてしまいかねない。

(3)従事者の確保と育成に関する視点

　知的障害者グループホームは，障害者福祉政策において地域生活支援志向が強まる中で，1980年代末に制度化された。背景には，積年の課題である入所型施設滞留問題の解消に向けて，「施設から在宅へ」の政策理念の転換を施策にも反映させようとする厚生省（当時）の意図があった。

　しかし，国家財政が緊縮化する時期に短期間での制度化を優先したことで，

グループホームの中核とされた「生活援助」を担う世話人規定に歪みが生じる。すなわち世話人は，単独で高度な判断力が求められる実態とは乖離して，家事援助中心のケアを担うヘルパー職類似の非専門職として位置づけられたのである。こうした妥協の産物としての世話人規定は，バックアップ施設の管理・指導的役割を強め，グループホームがバックアップ施設に依存する状況をも生み出していく。

またこのことは，結果として，従来からあった低賃金での女性従事者活用の傾向を強化する。グループホーム制度化当時，すでに公立施設の従事者数が頭打ちであっただけに，中高年主婦層に代表される安価な労働力としての世話人は，グループホーム運営に不可欠な家事能力を備えている点で施設運営側にとってもメリットがあり，かつ使い捨てがしやすい担い手として写ったと考えられる[22]。

以上のような政策背景の下で進められたグループホームでは，当事者対応能力を持つ従事者が十分確保しにくくなる。また，求められる支援のレベルに雇用条件が適切に設定されていないということである。オーストラリアでも雇用条件の劣悪さから離職率が高いことが指摘されている[23]。

他方で，グループホームの従事者に対して，「施設的な伝統と考え方が培ってきたものが依然として残り続けている実態」と「入所施設時代と同じようなことを行っているという再施設化」の危険性が指摘されている[24]。

(4)生活の質を考える視点

入所施設の存在がノーマライゼーションの阻害因子であるという議論は日本でも広く浸透しているだろう。「舟形コロニー施設解体宣言」を発表した田島[25]は，その解体の理由を「利用者に対して非常に劣悪な環境の中で長い間，あなたたちの人生の大部分を過ごさせてしまったのは申し訳なかったということなのです」「コロニーに喜んで入りたいという人はまずいません。自分が住みたくない場所になぜ住まなければならないのか」と述べている。

しかし，蜂谷[26]は施設の課題を挙げつつも，地域生活移行はただ地域に移行して終わるのではなく，いかにして本人が望む生活の実現を支えるかというそ

の後の地域生活移行支援の取り組み内容が問われている，と述べている。そこには，住まいと日中活動のありかたに課題を残している。実際，地域の生活を考える際には，物理的なノーマライゼーションが進んでいても，社会的・社交的なノーマライゼーションは実は進んでいないというのが日本とスウェーデンに共通しているという指摘もある[27]。従事者の器量と能力によって障害者本人の日中活動のバリエーションが異なってくる[28]。

また近隣住民の理解や友人を作る場を作ることにもその差異が影響している[29]。笠原[30]の従事者調査では「外部資源とのかかわりを新たに作る余裕がないのが現状」という指摘もある。

(5)管理者と前線従事者の意思の一致に関する視点

実は，脱施設化・施設解体が実施されていく中でそれに対して不安を感じるのは利用者ばかりではない。

トップダウンの解体の決定が，周到な準備ができるようなタイムスケジュールを設定しないで施設解体をすることにより，従事者が個々の障害者本人にどのように対応すればよいのか迷い，十分に対応しきれなかったケースが少なくない[31]。

スウェーデンで入所施設解体の知らせを受けた当初の従事者の反応は大多数が反対もしくは否定的，消極的であった。施設の外の住宅では地域住民との関係もうまくいかず，入所者たちが一人ぼっちで孤立して社会的に悲惨な生活になる可能性があるという意見や，従事者の労働条件が変わり，従事者の専門性が保たれなくなるという意見が出されていた。

同時に従事者にとっては一人で仕事をしなければならなくなる，という意見もあった。やがて解体が進むにつれて，反対意見や否定的な意見は徐々に減っていった。

但し反対意見がなくなったわけではない[32]。特に，スウェーデンでも社会福祉法人ベタニアの理事会が施設解体を決定しても，最も強硬に反対したのは従事者であった。この流れに賛同できない従事者は退職する例も見られた。

他方で反対が少なかったのは施設を利用している人々であった。そして従事

第Ⅱ部　ホスピタリティの向上と個人・組織のあり方

者に対しては地域移行に当たり，従事者に当事者の意思を尊重するような教育が実施されている[33]。

3　当事者・従事者支援とホスピタリティ意識の向上

脱施設化という政策には，当然のごとく，従事者は利用者のためにその推進に向けて動くものと捉えられるかもしれない。しかし，時としてその阻害要因として機能していることもありうるということである[34]。前線従事者のホスピタリティ意識という視点から整理していく必要があるということが本章の問題意識である。特に筆者として着目しておきたいのは以下の四点である。

第一に適切な労働環境と教育を必要とするということである。グループホームの従事者に求められるものは，単なる生活支援ではない。その生活を支援する専門性も求められるのであって，それを実現できる従事者の確保と教育が求められよう。それはまさにドラッカーのマネジメント理論[35]から検証されるべきところであろう。即ち，組織として利用者の満足を第一義としつつ，従事者を育て，また彼らが生き生きと働ける環境を提供し，内部の意思疎通を促進し，成果を謙虚に振り返るというものである。適切な労働条件を設定して当事者能力のある人を雇用できるようにすることは非常に重要である。それに加えて，グループホームが一人職場になりやすいという状況を理解しつつ，いかに求められる力を培うのかという教育も求められるであろう。

第二は，従事者が自分たちの外的変化に対応していかなければならないということである。従来の発想や方法をそのまま維持しようとしてはならないということである。変化に対して従事者が抵抗を示すことはしばしばあることであり，そこで組織と従事者の変化をマネジメントする技法が強く求められる[36]。従事者が問題の原因であるとみなして従事者に焦点を合わせているよりも，組織として「学習する組織」「コンピテントな職場」になる必要がある[37]。

しかし，従事者は前線にあって，外部の社会資源と自分の力量を鑑みて現実的な判断ができる立場であることも忘れてはなるまい。変革への志向性を慎重

第5章 障害者の脱施設化と福祉サービス従事者が抱える課題

な現実検討を経て成熟させていくためには，施設現場における施設長と従事者の生産的な対話が必要である[38]。一見消極的と見なされる姿勢も，現実的な問題を認識した上での判断である場合もありうるからである。その問題提起を傾聴して，検討していく必要があろう。

　第三に利用者のことを考え，適切な支援ができるようにしなければならないということである。特に利用者自身には大幅な環境変化が求められる中で，大きな不安や戸惑いも生じるであろう。それにしっかりと寄り添う必要があるということになる。政策や組織の方針が第一義に考えられると，個人の微細な感覚が見過ごされてしまう。十分に個々の利用者に寄り添った関わりが求められることになろう。

　第四に地域生活を展開していく上で，利用者の生活の質を高めるための力量と技術力が求められるということである。上記に関連するが，ここでは個人にのみ期待するのではなく，政策や組織のマクロ・メゾを含めた検討が必要となろう。政策・組織・個人の力量・利用者像との接触面における従事者の在り方が検討されねばなるまい。そのような総合的・有機的な視点から，従事者のホスピタリティ意識の維持と向上が図られるべきであるし，利用者の支援に悩む従事者を支持するとともに，従事者自身が抱える内面的な苦悩に対しても目を向け，支えていかなければならない。

　本章では脱施設化における従事者のホスピタリティ意識を探る前段階として，従事者に関する論点を整理するということを試みた。実は従事者が，知的障害者の地域生活を支えることに当然のごとく賛同し活動するとは限らず，従事者自身も様々な角度から脱施設化の意味を捉えなおしていく必要が示唆されたように思われる。

　政策や理念にとどまらず，従事者に関する議論を有機的・総合的に整理していく中で，初めて現実的な議論ができるようになるだろう。

注
　1)　松永千恵子『知的障害者がグループホームに住めない理由——知的障害者グルー

77

第Ⅱ部　ホスピタリティの向上と個人・組織のあり方

　　プホーム利用者の利用継続を促進／阻害する要因に関する研究』中央法規出版，
　　2015年，2頁。
2)　内閣府『平成30年度　障害者白書』2018年，237頁。
3)　厚生労働省『グループホームとケアホームの現状について』2013年，5頁。
4)　松永千恵子，前掲書，2015年，3頁。
5)　河東田博『脱施設化と地域生活支援——スウェーデンと日本』現代書館，2013年。
6)　同前書。
7)　清水貞夫「入所施設ケアとコミュニティケアという二重構造の解消を目指して
　　——1985年以降のアメリカにおける脱施設化の現状」『尚絅学院大学紀要』58，
　　2009年，95-106頁。
8)　グラニンガー，ジョーラン・ロビーン，ジョン／田代幹康・シシリア・ロボス
　　(訳)『スウェーデン・ノーマライゼーションへの道——知的障害者福祉とカール・
　　グリュネバルド』現代書館，2007年。
9)　星野晴彦「スウェーデンと日本の精神薄弱者福祉比較——生活施設における
　　QOL に対する取り組みの相違」『発達障害研究』14(4)，1993年，64-70頁。
10)　末光茂「発達障害の QOL と福祉文化への視点——脱施設化を中心に」『発達障
　　害研究』22(4)，2001年，255-266頁。
11)　渡辺勧持「日本のグループホームの特徴——諸外国の動向と比較して」『発達障
　　害研究』12(2)，1990年，35-40頁。
12)　塩見洋介「障害者の脱施設化をめぐる論点と課題」相野谷安孝・植田章・垣内国
　　光・唐鎌直義・河合克義(編)『日本の福祉論点と課題　2005年』大月書店，2005
　　年，42-47頁。
13)　佐藤久夫・小澤温『障害者福祉の世界』有斐閣，2003年，55頁。
14)　樽井康彦「知的障害者の脱施設化の論点に関する文献研究」『生活科学研究誌』
　　7，2008年，160頁。
15)　笠原千絵「知的障害のある人への自己決定支援の現状——入所更正施設生活支援
　　員の質問紙調査を通して」『ソーシャルワーク研究』29(2)，2003年，133-140頁。
16)　樽井康彦，前掲書，2008年，159頁。
17)　蜂谷俊隆「知的障害のある人の施設から地域への移行の実態と課題」『社会福祉
　　学』50(3)，2009年，92頁。
18)　中村敏秀・相澤哲「社会福祉学科共同研究　知的障害者施設への支援費制度の影
　　響に関する一考察」『長崎国際大学論叢』5，2005年，223-233頁。
19)　樽井康彦「知的障害者施設の施設長における脱施設化施策に関する意識の現状」

『社会福祉学』48(4)，2008年，127頁。

20) 星野晴彦「地域生活移行における当事者のゆれについて考える」奥野英子編著『実践から学ぶ社会生活力支援』中央法規出版，2007年，225-230頁。

21) 遠藤美貴「日本における施設解体を考える」河東田博（編著）『ヨーロッパにおける施設解体』現代書館，2002年，152-172頁。

22) 角田慰子「日本の知的障害者グループホーム構想にみる脱施設化の特質と矛盾——施設主導型定着の背景」『特殊教育学研究』47(4)，2009年，208頁。

23) 孫良「オーストラリアにおける脱施設化の実態と課題」『神戸学院リハビリテーション研究』2(1)，2007年，30頁。

24) 河東田博「2006年度学会回顧と展望」『社会福祉学』48(3)，2007年，203-212頁。

25) 田島良昭『施設解体宣言から福祉改革へ——障害をもつ人への支援も介護保険で』ぶどう社，2004年。

26) 蜂谷俊隆，前掲書，2009年，92頁。

27) 河東田博・中園康夫『知的障害者の生活の質に関する日瑞比較研究』海声社，1999年，110頁。

28) 孫良，前掲書，2007年，28頁。

29) 同前書，29頁。

30) 笠原千絵，前掲書，2002年，67-79頁。

31) 孫良，前掲書，2007年，28頁。

32) 河東田博『ヨーロッパにおける施設解体——スウェーデン・英・独と日本の現状』現代書館，2002年，33頁。

33) ラーション，ヤンネ・ベリストローム，アンデジュ・ステルハンマル，アン・マリー／河東田博・ハンシン友子・杉田穏子（訳編）『スウェーデンにおける施設解体』現代書館，2000年，107頁。

34) 河東田博，前掲書，2002年，59頁。

35) ドラッカー，ピーター／上田惇生（編訳）『チェンジ・リーダーの条件——みずから変化をつくりだせ！』ダイヤモンド社，2007年，23頁。

36) クールシェッド，ベロニカ・マレンダー，オードレイ・ジョーンズ，デヴィッド・トンプソン，ネイル／星野晴彦・幸田達郎・山中裕剛・陳麗婷（訳）『今求められるソーシャルワークマネジメント』久美，2009年，78-90頁。

37) 同前書，90頁。

38) 樽井康彦「知的障害者ケアにおける施設長と職員の脱施設化志向の比較」『介護福祉学』15(2)，2008年，159頁。

第6章
対話―葛藤―ゆらぎ―使命の再認識と共創的関係の構築

1　対話―葛藤―ゆらぎ―使命の再認識のプロセス

　ホスピタリティに関する第一人者である服部は，ホスピタリティとは「ゲストとホストが人間の尊厳を持って相互に満足しうる対等となるにふさわしい，共創的相関関係で遇する。そして期待通りまたはそれ以上の結果に満足し，再びそれを求める」[1]と述べている。確かにここにはいくつかの重要な点が示唆されている。第一にサービスが相手の尊厳を認識しながら提供されること。第二は対等の関係性であること。第三は共創的相関関係であること。第四は今後とも継続するであろうことである。

　筆者は上記の定義には全面的に賛成するものではあるが，そのプロセスについて果たしてその共創的相関関係の形成に向けてのプロセスについてどこまで十分な議論がされたのであろうか。

　というのは，昨今のホスピタリティに関する議論を俯瞰して，筆者には大きな疑問が三つ生じたためである。

　第一は，徳江の述べているところであるが，精神論に現在の議論が傾いているように感じられる[2]のである。徳江は現場従事者の「心」を過剰に重視するようなアプローチや，隷属的なアプローチを批判している。彼が端的に示すようにホテルの顧客の落とし物を届けるために新幹線で追いかけるようなエピソードは確かに感動的ではあるがすべての状況に当てはまるものではない。個人や組織の限界を超えてしまう危険性がある。自分たちが対応できること，す

第Ⅱ部　ホスピタリティの向上と個人・組織のあり方

なわち限界を，個人的なレベルや組織的なレベルにおいて明確にすることが極めて重要であると思われる。

　第二は，ホストが企画したサービスにゲストが満足し，またそれにホストが発奮するという楽観的なプロセスが想定されているように思われる。その前提としてホストが万能であるような，もしくはそのようになることを前提にした議論がされているのではないか。ホテルの魅力的なホスピタリティのエピソードを見ていると，ホストたるホテル従業員達の素晴らしい企画力が強調されている感がある。

　しかし一方では，現在サービスの効率性と公平性を高めるために，サービスやアセスメントのマニュアル化が社会福祉で進められている[3]。ホストたる支援者の対応の個人差を縮小し，サービスの標準化を図らねばならないという意図による。限られた資源の中で公平と効率を求めようとする現実も進行していることを理解しなければならない。そもそも他者を理解して，適切な支援をするということはどこまで可能であるのか。この点については，ホスピタリティに関する議論では，誰も言及していないように思われる。

　第三はホストの従事者の成長について，吉原は職業人としての育成段階があることを示し，人間を「自己の領域」「親交の領域」「達成の領域」から整理している[4]。それは重要なステップであると思う。しかし，そこにはゲストから自分たちの提供できる人的・物理的・精神的な力の不十分さを突き付けられて，それに向かい合って様々なやり取りを経て，発展・成長するプロセスは明確に言語化されていない。現実場面では，ホストとゲストの対話の過程で自分たちが対応できない要望を突き付けられることもあり，反発したり逡巡したりすることもあるのではないだろうか。

　上記の三つの問題意識に対して，共創的相関関係を社会福祉領域で明確にするために，ホスピタリティの形成・発展を，対話─葛藤─ゆらぎ─使命の再認識というプロセスから再整理していきたいということが本章の目的である。これは個々の段階について論じるというよりも，一連のプロセスがあり，それを経ることによってホスピタリティが深化しうるということを提起することを目

82

第❻章　対話─葛藤─ゆらぎ─使命の再認識と共創的関係の構築

的にしている。

　ここで筆者がプロセスとして挙げているのは，それぞれの節目があり，それらを乗り越えていく必要があるのではないかと考えたためである。それぞれの段階についてここで簡単に説明したい。

　第一に，対話というホストとゲストが向き合う最初の接触場面である。しかし，考えてみれば，社会福祉現場のケアで，どこまでゲストたる「支援を必要とする人々」に寄り添うような実践が実現できるものなのか。実はここでもう一つの視点が提示される。それは，援助者自身の中で起きる「ゆらぎ」である。自分たちが支援を必要とする人を前にして，「何を言ってよいのかわからない」「何をしたらよいのかわからない」という動揺である。

　第二に葛藤の段階である。対話によりゲストたる「支援を必要とする人々」からホストたる支援者・支援組織に示された全ての要望を満たされることが約束されるわけではない。そこで重要な示唆を与えてくれるのが，アポリアの概念である。後で詳述するがアポリアとは一言でいえば不可能であるということに確実に向かい合わされることである。支援者は決して万能ではないために，時として，ホストの在り方を根底から否定するような要求が付きつけられるかもしれない。その様な時に，ホスピタリティということでどこまで「支援を必要とする人々」を受け入れることができるのかということである。

　第三に，以上のプロセスを通してホストが，自分たちはゲストに対して何をなすべきかという，自分自身や自分が所属する組織の使命を再認識するというものである。以下ではさらにそれぞれの段階の詳細について述べたい。

2　「支援を必要とする人々」への理解と応答

他者理解の困難性

　ケアの立場から，村田は支援を必要とする人々のおかれている実存存在の把握を目的とした技法として「共存在（傾聴・察知）」「応答（反復・感情の言いかえ・問いかけ）」「評価（現事実性・本来性）」を挙げている[5]。彼はターミナルケ

アの場面での支援を想定しているが，これらは傾聴し，共感し，理解すること
を助けるものである。確かに一般的な社会福祉のケアではこのような関わりが
重要とされている。

　しかし，そもそも，ケアの第一歩としての「支援を必要とする人々」の理解
と応答というものは，果たしてどこまで可能なものなのであろうか。

　「他者の現在を思いやること，それはわからないから思いやるんであって，
理解できるから思いやるのではない」[6]と鷲田が述べているのは，的確な表現だ
と思われる。鷲田[7]は聞くということの前提として「不幸と困難の中にいる人
は話をしない。話をしないだけではなくはそもそも不幸もしくは困難の中に自
分がいるということそのことに無意識であろうとする」という状況に対して，
「苦しみが苦しみの中にあるその人から聞こえてこないがゆえにそれは聴かね
ばならぬものである」[8]という認識に立ち，「まるで祈りのようにして向けられ
る注意，他者の言葉を待つ行為，他者から発せられた微かな声を声が消えた後
も慈しむ行為」[9]というかかわりを前提としている。

　他方で津田[10]は，「施設利用者の家族が『何でもおっしゃってください』と
言われても人質を取られている身としては何も言えない。苦情や要求は言いに
くい」と述べている。

　また応答のレベルでも様々な課題が生じうる。実は支援者の側が発した言葉
を「支援を必要としている人々」がどのように捉えているのかを理解すること
は極めて難しい。何気ない一言が相手を傷つけていることもあるし，しかし傷
ついた側はそれを言ってしまうと，失礼だと考えて言葉を控えてしまうという
ものである[11]。

対話の共創性

　対話と述べたのは，決して「従う」とか「対立する」，というものばかりで
はない[12]。前述したとおりホスピタリティの共創的性格から鑑みるに，一方的
な，若しくは対立的な関係性を意図したものではない。ケアを支えるという視
点だけではなく，力をもらうという視点から考える必要もある[13]。これは100

年異常前に書かれた，社会福祉の支援の基礎を創ったリッチモンド[14]の著書にも見られることである。

しかしそのような相互に創造しようという関係性に対して，次のような実態もある。ケア労働に関する評価を，ケアの受け手である利用者以外から得ようとしているほど，利用者に対して感謝要求行為を行うようになりやすく，さらに感謝要求行為をするほどに虐待行為を行いやすくなるという研究報告もある[15]。要は利用者が感謝の言葉を発しないことが，支援者側の虐待を誘発するというのである。社会福祉のケアに関わるものが，多かれ少なかれサービス利用者の笑顔や感謝に嬉しく思うことがある。それ自体が悪いのではないが，感謝を求めすぎることは関係性の破たんを招くこともあり，決して共創的とは言えない。

支援者自身のゆらぎについて

ゆらぎとは，支援の中で支援者たちが経験する動揺・葛藤・不安・戸惑い・迷い・わからなさ・不全感・挫折感の総称である[16]。

社会福祉実践は人の生活，人生にかかわる。そして生活も人生も「こう生きるべき」と言う問いにも明瞭な答えが存在しない体験である。援助者自身がクライエントを前にして「何をしたら良いのかわからない」「何を言ったらよいのかわからない」ということで，ゆらぐことがある。

確かにターミナルケアの患者に「自分は疲れた，なんのために生きているのか，もう限界だ」などと言われた時，それに対する支援者のなすべき正解はない。支援者が動揺し，無力感に陥り，何ら答えられなかったからと言って責めるべきではない。その感情的にゆらいでいること自体をしっかりと正面から認めていくべきであると述べたのが尾崎である。

尾崎[17]は援助者自身のゆらぎは，三つの側面を併せ持つ状態としている。

(1)システムや判断，感情が動揺し，葛藤する状態である。
(2)混乱危機状態を意味する側面も持つ。

第Ⅱ部　ホスピタリティの向上と個人・組織のあり方

(3)多面的な見方，複層的な視野，新たな発見，システムや人の変化・成長を
　導く。

　組織のリーダーや教育活動に携わる人には「ゆるがない」態度が必要である
とよく言われる。しかし一方で，迷いやわからなさの中で「ゆらぎ」を覚え，
そのことを媒介にして人と関わることも重要である[18]。ゆらぎは決めつけや押
しつけとは対極の性質を持つために，そこに新たな発見や創造性変化や成長を
導く可能性がある[19]。

　辻は社会福祉の共通認識を作るプロセスの葛藤に関して，「いろいろな意見
があること，何が正しいのかわからないことがあること，それを認めることで，
葛藤が生じることを当たり前のこととして受け止める」と述べている。さらに
この対話と葛藤を通してこそ当事者の参加があると述べている[20]。

3　アポリアから考える葛藤と使命

デリダの「歓待」（アポリア）とは

　上記の対話を通して葛藤が生じる場合がある。アポリアという点から述べて
いきたい。鷲田はホスピタリティを「何の留保もなしに苦しむ人がいるという
それだけの理由で他者のもとにいる」「無条件のコ・プレゼンス」としてい
る[21]。

　しかし，それにはいくつかの限界がある。一つは個人的なレベルの「燃えつ
き」である。「職業人になりきったら，職業を全うできないという矛盾，顔を
持った一人の人間として他の人に接する職業という，深い矛盾をはらんだ仕事
である。他人の仕事をするというしんどさをそのまま個人生活に持ち越さずに
はいない仕事である。燃えつきはそういう場所で起きる」[22]と鷲田が指摘した
通りである。

　もう一つの側面として，デリダのアポリアについて述べたい。アポリアとは，
「道がない」「通行できない」という意味で，ここには「不可能なもの」が見ら

86

第❻章　対話─葛藤─ゆらぎ─使命の再認識と共創的関係の構築

れる。しかも，進む事のできない道を横断しなければならないという「アポリアの経験」をデリダは主張する。つまり道の無いところ，先へ進めないところを横断するという逆説的な意味になる[23]。表記上，デリダのホスピタリティは歓待と訳されており[24]，本章ではホスピタリティの広く解釈されたイメージとの混乱を避けるために，以下「歓待」と記す。

　まず，デリダが歓待を論じるに際して，寛容とは異なるものとしていることを明確にしたい。デリダが寛容の概念を拒否している。その理由は極めて明快である。「実際，寛容は何よりも慈悲の一形態です。それゆえ，たとえユダヤ教徒とイスラム教徒がこの言葉と同じように自分のものとするように見えようとも，それはキリスト教的慈悲なのです。寛容はつねに強者の道理の側にあり，そこでは『力が正義』です」[25]。

　それは「私たちのルール，私たちの生活様式，さらには私たちの言語，私たちの文化，私たちの政治システム等々に他者が従うことにおいてのみ提供される」[26]ものである。

　そしてそのような制限のある姿勢に対して，デリダが提唱するのが，他者の歓待であり，ここで注意すべきは彼の言うところの歓待が，我々がこの語を使う際に通常理解するような「寛容をもっと推し進めたもの」とは似ても似つかないものである。むしろデリダによれば，寛容は歓待の反対物，あるいは歓待を制限してしまうものである[27]。

　しばしば取り上げられることであるが，デリダの姿勢を明確にするために，カントへの批判を取り上げたい。デリダはカントの「永久平和のために」の「永遠平和のための第三確定条項」に批判を向ける。それは，外国人（異邦人）は世界市民法に基づいて「歓待の権利」を有するが，しかしそれは「訪問の権利」に制限されるべきものだというものである。「普遍的歓待は訪問の権利しか許さず，居留の権利は与えない」[28]というものであった。言い換えれば，カントの世界市民主義は近代の国民国家の国家主義の域に留まっており，外国人を，他者を「即時的に〈無媒介に〉，無限に無条件に迎え入れることを果てしなく宙吊りにし，それに条件を課すものとなっている」[29]。無論デリダもカン

87

第Ⅱ部　ホスピタリティの向上と個人・組織のあり方

トのコスモポリタンとしての姿勢を否定するものではないが，彼の脱構築によれば十分に議論されていないのである。

　歓待について，デリダの言明が重要な示唆を与えてくれているように思われる。デリダはゼミナールのテーマなどで，歓待を取り上げる際に彼が意識しているのは，移民や難民，強制移住させられた人々，無国籍者などの庇護の問題である[30]。そして，デリダは異邦人の歓待の可能性を探る。そのため，彼は一見両立しがたい二種類の歓待を区別することから始める。

　一方には，異邦人を無条件に受け入れる絶対的な歓待がある。これは国境や家の戸口に到来する人を，そのアイデンティティや使用言語を問いたださず，名前も聞かず，またいかなる代償も求めず迎え入れる歓待である。

　他方には，条件的な歓待，即ち庇護の要求の正当性，アイデンティティなどを確認した上で，その権利と義務を法律的に定めようとする歓待がある。

　そして，デリダは無条件の歓待を抽象的なモラルやユートピアとして要求しているのではない。その不可能性や「倒錯の可能性」を強調している。条件的な歓待と無条件的な歓待は根本的に異質であると同時に，互いに呼び求め合う。両者が異質性を保ちながら混交する非決定性を，歓待のアポリアとデリダは示している。こうした歓待の二重性をカント的な二律背反として放置することにあるのでも，弁証法的に統合することにあるのでもない[31]。ただし，デリダはアポリアにより，歓待の意義を否定するものではない。デリダはこのアポリアの場にこそ，あるべき歓待の可能性を見出す。

　デリダの条件付きの歓待では，主人が存在し，あるいは主である何者かが存在する植民地的構造における歓待である[32]。これは一見寛容であるが，自分たちの対応の閾を限定しているのである[33]。それに対して，デリダの無条件の歓待においては，予期されざる到来者に，主人は自分が与えることのできる以上のもの，あるいは自分が持っていないものまで与えなければならない。単に義務にかなっているだけでなく，負債や経済＝分配法則を超えて他者に対して無償に差し出されるのである[34]。つまり，贈与不可能なものを贈与するのであり，そこには相互性は成立しない。その時，主人と客の立場は逆転し，両者の区別

88

は決定不可能になる。デリダはレヴィナスの立場を継承し，またそれに彼の思考を重ねているのだが，デリダはレヴィナスが「自我とは他者の人質である」と述べていることを受けて[35)]，無条件の歓待において，いわば主人は客の人質となる[36)]，と述べている。

招待の歓待と訪問の歓待

　この点についてさらに理解を進めるために，デリダの招待の歓待と訪問の歓待の区別について示しておきたい。招待においては，主人は家の主人であり続け，招待客であり続ける。招待された客は，家の秩序を乱すことはない。

　それに対して，訪問の歓待では，訪問者は招待客ではなく，予期されざる到来者であり，それに対して純粋な主は質問することなく家を空けるというものである。そしてその訪問客はいつ来るかわからず，またこないかもしれないのである。だから十分に予測して準備することができなくなる。これがまさに無条件の歓待である[37)]。そこで予期されざる者に対して，メシア的な他者に対する純粋な歓待を念頭に置くべきであるとしている[38)]。但しここで留意しなければならないのは，このようにしてやって来る他者は身元不明であり，それを問いただされることもないために，この歓待は危険でもある。デリダの最もインパクトのある文章の一つを引用する[39)]。「無条件の歓待があるために，他者がやってきて家を破壊し，革命を起こし，すべてを盗み，皆殺しにしていく危険を受け入れなければならない。これが純粋な歓待と純粋な贈与の危険なのである」。

　無論デリダはこのような無条件の歓待を生きることが不可能であることは承知している[40)]。しかし，無条件の歓待と条件つき歓待は対立的であるが，相互に排除しあうことのない，奇妙な関係が浮かび上がってくる。デリダは無限の歓待が不可能であるにもかかわらず，それが求められる理由を次のように述べている[41)]。「少なくともこの純粋かつ無条件の歓待の思想なしには，歓待一般のいかなる概念をも私たちは持ちえないであろうし，条件付きの歓待のいかなるルールも規定できなくなるであろう。デリダも最良の歓待は，理想的な歓待

第Ⅱ部　ホスピタリティの向上と個人・組織のあり方

が不可能であることを弁えていることであるというだろう[42]。そして，これを端的に示したのがアポリアであり，そのような状況において，ホスピタリティにはアポリアの不可能性があることに着目すべきではないだろうか。不可能性は理想化や郷愁や貶下を引き起こすようなものではない。むしろ我々に改変の可能性を押し開くのである」。

4　無限の懸隔を埋める不可能な努力が意味すること

　支援者や支援組織が上記のアポリアの状況に投げ込まれたとき，個別のレベルではソーシャルワーカーの倫理綱領が，また組織のレベルでは，ドラッカーの言説が参考になる。

　ドラッカーの言説とは，「営利・非営利組織を問わず，マネジメントは顧客の満足を成果とすべき」[43]である。彼の「顧客の満足」という言説に見られるように，組織は組織としての使命を目標として設定する必要があり，それを実現しているか否かについては成果を評価し続けなければならない。成果は共通して顧客の満足とすべきであり，これは従事者自身や組織の利益追求を第一義とすべきではない。特に非営利組織について「人々の生活と社会に変化をもたらすために存在している」，「生活の改善が常に出発点であり到達点である」[44]と，ドラッカーは述べている。

　また，「貢献という見地から自らの目標を設定しなければならない」[45]，「意図が良ければ成果はなくともよいというものではない」[46]とも述べている。謙虚に自らの活動を問い直す必要がある。ここでマネジメントの視点を述べたのは前述の現場の個人の心に矮小化されることを防ぐためである。支援者そしてその組織の観点から論じる必要があると考えたためである。

　支援を必要とする人々と支援者の関係を鑑みるに，時として「従う」や，「ぶつかる」という関係性も生じうる[47]。しかし，前述したとおりホスピタリティの共創的性格から鑑みるに，「向き合う」対話という可能性もある[48]。これは，デリダのアポリアの観点から言えば決して完全な歓待と言えるものでは

第 **6** 章　対話―葛藤―ゆらぎ―使命の再認識と共創的関係の構築

ないかもしれない。しかし，それに向けての懸命な努力の結果と言えるだろう。

　創意工夫と創造性を発揮する社会福祉実践の現場として尾崎[49]が述べていることを引用したい。「現場は①サービスやケア，相談などの提供を通して，一人一人のクライエントの自己実現を支援し，従事者と利用者が福祉理念の具現化を図る最前線である②現場はそこにいる人々がお互いにかかわり，交わることによって，それぞれが自らに向かい合い，相互成長・変容を目指す場である。③現場は実践を通して生活，歴史，社会について認識を深め，社会の改革に関心を持つ場である。④現場は完璧な場ではなく，どこかで不完全さを含みこんでいる。また，現場にはあらかじめ正しい答えが用意されていない。しかしだからこそ創意工夫が生かされる場であり，新たな生活文化，価値，創造性を育てうる場である」。

　「自分で望んで関係の中に入っていったわけでもない他者との関係にまみれ，ぐらぐら揺れ，時に陥没し，しかしそれでも関係を切ろうとせずに，どうしたらいい，どうしたらいいんだろうと時にはあきらめ寸前のところで，ときには自分自身を責めながらもそれでもそこから立ち去らなかった人たち」[50]の存在がそこに認められるのである。ゆらぎは楽な体験ではないし，むしろ私たちに苦痛や無力感を抱かせることが多く，援助や教育を破たん・無責任に導く危険性も秘めている。しかし私たちはそれと向き合い始めることに拠って，援助する力，専門性を一層高めることができる[51]。

　資源には限りがあるのだから仕方が無いと考えるのも一つの立場ではあろう。しかし，「仕方が無い」といった現実に対する了解は，他の福祉サービスの提供に基づく他の生活の可能性を抹消してしまうのである[52]。だが，それに対して，人間社会における現実は，他でもありうるという可能性に思考が開かれたとき，今の現実は「仕方が無い」「不運」ではなく，本来はこうすべきなのにしていない不正義の経験なのではないか，と思い・考える可能性が生まれる[53]。ここに私たちは条件付きの歓待と無条件の歓待の間にある緊張について思考することができる。

　昨今ホスピタリティが多く取り上げられている中で，無限の懸隔を何とか埋

第Ⅱ部　ホスピタリティの向上と個人・組織のあり方

めようとする不可能な努力を続ける必要があるということ[54]を福祉サービスの議論の視野に入れることは意義があると思われる。このことが，仕方がないと見放されている人がいる現実と，すべての「ひとり」の福祉を保障しようとする理念のギャップを埋めることの一助になると思われる。

　繰り返しになるが，本章は前述の三つの疑問から取り組んだものである。これは既に暗黙の了解がされていることなのかもしれない。しかし，少なくともホスピタリティを扱った著述には，ホストにはかなりの力量があり，誠実に対応して，多大なるゲストの感謝と感動を得ている姿が描かれがちである。

　しかしそれだけでホスピタリティを論じるのは非現実的であると思われる。第一に，対話の次元で，極めて困難なこともある。ホテルの宿泊客がホテル従業員に要望するのとは異なった形で，福祉領域ではゲストたる「支援を必要とする人々」に接する必要もあるだろう。

　第二にホストたる支援者は，常に専門職として冷静に状況を観察し，思考し，判断しているわけではない。一見当然のことではあるが，福祉サービスの支援には求められることが，支援者の想定を超えたものがある。ケアをするホストが動揺してしまうこともある。

　第三に，ゲストたる「支援を必要とする人々」のうめきに気が付いても，それに全てに応えることは実は不可能なのである。しかし自分たちのマニュアルや想定を超えたところにニーズがあり，それに謙虚に応答する必要性があるということを認識しておくことが必要なのではないか。

　第四に，上記のゆらぎや葛藤状況を正面化して，それでもゲストたる「支援を必要とする人々」の尊厳を見失わずに，可能性を模索することが本当にケアの中でホスピタリティを発現させ，継続させることになるのではないか。

　以上のような，ホストとゲストの対話の了解困難性と断絶，葛藤の可能性を踏まえて，そこに活路を見出そうとするプロセスが，ホスピタリティの深化に不可欠なのではないかと考えて述べてきた。くりかえしになるが，昨今ホスピタリティに言及した著述が増加している。現代社会がその人間関係の潤いによる癒しを求めていると思われる。しかし，それが決して簡単ではないプロセス

を経る可能性があることも併せて述べておく。今後のホスピタリティのをめぐる議論に資すれば幸いである。

注

1)　服部勝人『ホスピタリティ学のすすめ』丸善，2008年，104頁。

2)　徳江順一郎（編著）『ソーシャルホスピタリティ』産業能率大学出版部，2013年，6頁。

3)　尾崎新「ゆらぎからの出発」尾崎新（編）『ゆらぐことのできる力――ゆらぎと社会福祉実践』誠信書房，2000年，6頁。

4)　吉原敬典『ホスピタリティ・リーダーシップ』白桃書房，2005年，36頁。

5)　村田久行『ケアの思想と対人援助――終末期医療と福祉の現場から』川島書店，2008年，82頁。

6)　鷲田清一『聴くことの力』筑摩書房，2015年，243頁。

7)　同前書，158頁。

8)　同前書，158頁。

9)　同前書，7頁。

10)　津田耕一『施設に問われる利用者支援』久美，2001年，54頁。

11)　鷲田清一『〈弱さ〉のちから――ホスピタブルな光景』講談社学術文庫，2001年，220頁。

12)　大熊由紀子・開原成充服部洋一『患者の声を医療に生かす』医学書院，2012年，184頁。

13)　鷲田清一，前掲書，2014年，220頁。

14)　リッチモンド，メアリー・E.／星野晴彦・山中裕則・陳麗婷訳『善意からソーシャルワーク専門職へ――ソーシャルワークの源流』筒井書房，2013年。

15)　木村壮「特養職員による感謝の言葉の要求が老人虐待の発生と繰り返しに与える影響の検討」『老年社会学』29(1)，2007年，18頁。

16)　尾崎新，前掲書，誠信書房，2000年，1頁。

17)　同前書，9頁。

18)　辻浩「社会福祉の共通認識をつくる」尾崎新編『ゆらぐことのできる力』誠信書房，2000年，240頁。

19)　尾崎新，前掲書，2000年，9頁。

20)　辻浩，前掲書，2000年，237頁。

第Ⅱ部　ホスピタリティの向上と個人・組織のあり方

21)　鷲田清一，前掲書，2015年，239頁。

22)　同前書，207頁。

23)　谷徹「解説とキーワード」デリダ，ジャック述，パットン，ポール・スミス，テリー編／谷徹・亀井大輔（訳）『デリダ，脱構築を語る』岩波書店，2005年，183頁。

24)　デリダ，ジャック・デュフールマンテル，アンヌ／廣瀬浩司（訳）『歓待について——パリのゼミナールの記録』産業図書，1999年。原題はフランス語で De L' hospitalite とある。それ以外でも，彼のホスピタリティに関する言説は，歓待として表記されている。

25)　ハーバマス，ユルゲン・デリダ，ジャック・ボッラドリ，ジョヴァンナ／藤本一勇・澤里岳史（訳）『テロルの時代と哲学の使命』岩波書店，2004年，197頁。

26)　同前書，198頁。

27)　同前書，198頁。

28)　カント，イマヌエル／宇都宮芳明訳『永遠平和のために』岩波文庫，1985年，47頁。

29)　デリダ，ジャック／藤本一勇（訳）『アデュー——エマニュエル・レヴィナスへ』岩波書店，2004年，155頁。

30)　廣瀬浩司「訳者あとがき」デリダ，ジャック・デュフールマンテル，アンヌ／廣瀬浩司（訳）『歓待について——パリのゼミナールの記録』産業図書，1999年，162頁。

31)　同前書，165頁。

32)　デリダ，ジャック，前掲書，2005年，183頁。

33)　J. Derrida "hospitality", *Journal of the theoretical humanities*, volume 5 number 3, 2001, 14.

34)　デリダ，ジャック，前掲書，1999年，102頁。

35)　同前書，84頁。

36)　デリダ，ジャック，前掲書，2004年，130頁。

37)　デリダ，ジャック，前掲書，1999年，121頁。

38)　同前書，120頁。

39)　デリダ，ジャック「ジャック・デリダとの対話」『批評空間』太田出版，1997年，197頁。

40)　J. Derrida "hospitality", *Journal of the theoretical humanities*, volume 5 number 3, 2001, 14.

41)　ハーバマス，ユルゲン・デリダ，ジャック・ボッラドリ，ジョヴァンナ／藤本一

勇・澤里岳史（訳）『テロルの時代と哲学の使命』岩波書店，2004年，199頁。

42)　ドイッチャー，ペネロペ／土田知則（訳）『デリダを読む』富士書店，2008年，118頁。

43)　ドラッカー，ピーター／上田惇生（編訳）『チェンジ・リーダーの条件』ダイヤモンド社　2007年，17頁。

44)　ドラッカー，ピーター／上田惇生（訳）『非営利組織の経営』ダイヤモンド社　2007年，125頁。

45)　同前書，124頁。

46)　同前書，126頁。

47)　服部洋一，前掲書，2012年，184頁。

48)　同前書，184頁。

49)　尾崎新，前掲書，2002年，10頁。

50)　鷲田清一，前掲書，2014年，252頁。

51)　尾崎新，前掲書，2000年，325頁。

52)　中村剛「社会福祉における正義──「仕方ない」から「不正義の経験」へ」『社会福祉学』49，2008年，3頁。

53)　同前書，4頁。

54)　山本圭「寛容若しくは歓待のおきてについて」『多元文化』8，2008年，105頁。

第Ⅲ部　ホスピタリティ意識の特性と形成——他業種との比較分析

第7章
障害者福祉サービス従事者の
ホスピタリティ意識の特性比較調査

1 調査の目的と方法

先行研究

　本書第1章で社会福祉の支援が権利に基づくサービスと位置付けられ，また一般的サービスにホスピタリティが求められるようになったことを述べたが，本章では他のサービス業との性格がどのように異なるのかを概観する。

　ホスピタリティ意識を業種間で横断して検証する試みは僅かである。その中で山岸・豊増がホスピタリティ意識の尺度化を試みた。そして，看護・宿泊業・飲食業の接客従事者を対象に横断的な調査を行った。山岸たちは調査において，ホスピタリティを操作的定義し，「訪問者を，細やかな観察力と気配りを用いて歓待すること」とした。そしてホスピタリティ意識に関して「サービス提供力」（顧客の要望に対応する知識と技術），「歓待」（顧客を歓迎し，接客を楽しむ態度）「顧客理解力」（顧客の意向や気持ちを察する知識と技術），「謙虚」（言葉遣い・謙虚な態度），「誠実」（顧客を尊重し思いやる態度），に分類した上で，一元配置分散分析で業種間の有意差が示された項目を次の通り挙げている。

(1)サービス提供力・顧客理解力・外見と謙虚において，宿泊業従事者が他の業種より高かった。
(2)宿泊業従事者は外見と誠実が最も高く，サービス提供力が最も低くなっていた。

第Ⅲ部　ホスピタリティ意識の特性と形成——他業種との比較分析

　以上に対して，山岸・豊増は宿泊業従事者の「サービス提供力・顧客理解力・外見と謙虚」が看護従事者より高い理由は，宿泊業は競合施設も多いことにより，コアサービスの宿泊施設は当然のこと，接客も良質であることが必要であるため[1]，としている。そして看護従事者のサービス提供力・顧客理解力・外見と謙虚に対する意識が低くなる要因として，医療業のコアサービスは医療の提供であり，サブサービスの患者対応は宿泊業に比べて比重が低くなることを挙げている。

　他方で，山岸・豊増の調査票を検証した研究もある。小田・平石は，Big Five との関係性を検定した[2]。Big Five は，パーソナリティを情緒不安定性（Neuroticism），外向性（Extraversion），開放性（Openness），調和性（Agreeableness），誠実性（Conscientiousness）から捉えようとするパーソナリティ特性の５因子モデルに基づく[3]。関連する尺度も多数開発されており，それらの中でも日本において特に多く用いられている尺度に和田の Big Five 尺度[4]がある。今後も様々な場で活用されていくことが予想されるが，小田・平石の調査により，以下の四点が示されている[5]。

⑴外向性が一般的なホスピタリティ意識を生み出す重要な要因である。

⑵開放性は「サービス提供力」「顧客理解力」「誠実」に有意に影響している。サービス提供力には「利用者の要望が想定外でも創意工夫を凝らして対応する」といった項目が含まれるため，芸術的な創作との関連性が高いといわれている開放性の影響が強いのではないかと考えられる。

⑶調和性は歓待と外見と謙虚の二つの因子に影響していたが，これらには「質問や会話をしやすい，雰囲気つくりをしている」や「清潔感のある服装や髪型をしている」といった項目が含まれており，人間関係への配慮の高さと関連する「調和性」が影響していたと考えられる。

⑷「外見と謙虚」には誠実性も影響していた。それは，誠実性が自己抑制と関連しており，相手に対する謙虚さや自身の身なりへの配慮を示す因子である「外見と謙虚」に影響する。

障害者福祉サービス従事者のホスピタリティ意識を調査した研究，特に他の業種と比較調査した研究は見られない。そこで，探索的に障害者福祉サービス，宿泊業，看護の従事者のホスピタリティ意識の比較を行う。それにより障害者福祉サービス従事者のホスピタリティ意識の特殊性を探る。

仮説は，ホスピタリティ意識に関して「サービス提供力」「歓待」「顧客理解力」「謙虚」「誠実」において宿泊業従事者が他の業種より高くなると，設定した。理由は，宿泊業はホスピタリティ産業としてホスピタリティを求められ，また山岸たちの調査においても高いという結果が示されたためである。

調査対象と方法

全国の障害者福祉サービス・宿泊業・看護の従事者各200人，計600人に対してウェブ調査（クロスマーケッティング社）を行なった。対象者の属性は下記の通りであった。

本調査では，社会福祉サービスにも様々な領域があることに鑑み，障害者福祉サービスのみを取り上げ，障害者福祉サービス・宿泊業，看護の従事者のホスピタリティ意識について比較し，障害者福祉サービス従事者の特殊性について検討していく。

なお，本調査で述べる障害者福祉サービス従事者には，相談機関において活動する従事者は含まれていない。また，調査期間は2013年10月1日から同年11月20日である。倫理的配慮として，調査票は無記名回答，かつ調査項目で個人が特定される内容は除外した。そして調査目的及び趣旨，個人情報の保護，調査拒否の自由を明記した。また，本調査は日本社会福祉学会研究指針に抵触していないことを確認した。分析方法として，解析には SPSS version 22 を用いた（調査対象の詳細は表5〜表8にまとめた）。

他業種間のホスピタリティ意識比較に関する調査尺度は，日本で十分に試行されてこなかった。そこで，調査票として数少ない，山岸たちの作成した調査票を参考にした。

設問は，表9の内容に対して，「利用者に接する際の，あなたの行動や考え

第Ⅲ部　ホスピタリティ意識の特性と形成——他業種との比較分析

表5　対象者の年齢構成

	回答数	％
全　体	600	100.0
40歳未満	204	34.0
40歳以上	396	66.0

（注）　平均39.15, 標準偏差10.196.

表6　雇用形態

	回答数	％
全　体	600	100.0
正規職員	481	80.2
非正規職員	119	19.8

表7　性　別

	回答数	％
全　体	600	100.0
男性	303	50.5
女性	297	49.5

についてお聞きします。以下の項目に対して，必要だと思うかについて当てはまるものを答えてください」とした（資料1「「ホスピタリティ意識に関する調査」調査票」参照）。

　回答は「強くそう思う」から「全くそう思わない」の5件法を用いた。ただし，比較した結果の表記は，視覚的に分かりやすくするために，「必要だと思う」「必要だと思わない」で分離した。

2　分析結果

　まず業種による比較を行ったうえで，勤続年数，雇用形態による差異を見る。質問項目の大きなカテゴリーは前述の山岸たちの調査に従った。

　業種による差異については，まず業種による有意差を探るため，分散分析を行った（表10）。質問項目の上のカテゴリー領域は，山岸たちの調査を参考にした。本調査でカテゴリー領域内のクロンバッハの α（尺度に含まれる個々の質問項目が内的整合性を持つかどうか，目的とする特性を測定する質問項目群であるかを判定するために用いられる）を算定した結果は，同表内に記載したとおりである。また，有意差の認められた回答に対して，Turkey の多重比較で業種間の有意

第**7**章　障害者福祉サービス従事者のホスピタリティ意識の特性比較調査

表8　対象者の勤続年数

	回答数	％
全　体	600	100.0
8年未満	204	34.0
8年以上	396	66.0

（注）　平均10.301，標準偏差8.904，最少
1年　最大48年．

表9　設問の内容

1	利用者の要望が想定外でも創意工夫を凝らして対応する
2	利用者の要望が想定外でも速やかに対応する
3	質問や会話をしやすい，雰囲気つくりをしている
4	利用者の要望に対応できない場合，代案を提案する
5	利用者の要望を誠実に聞く
6	謙虚な態度で接する
7	顧客の要望に対応できない場合は，誠実に理由を説明する
8	適切なタイミングでサービスを提供する
9	尊敬語，謙譲語，丁寧語を適切に使う
10	楽しそうに働いている
11	積極的に声かけや挨拶をしている
12	利用者の好みを職員間で共有し，提供するサービスに反映する
13	利用者が必要とするサービスに，気づくことができる
14	笑顔で接する
15	清潔感のある服装や髪型をしている
16	サービスに必要な専門知識を持っている
17	利用者の状況に合わせて声の調子を変えている
18	利用者の理解力を判断し，最も理解しやすいように説明する

差が認められたものを記す。

　また，勤続年数「8年未満」と「8年以上」で上記の回答に分散分析を行ったところ，有意差（$p<0.05$）が認められたのは唯一サービス提供力のカテゴリーの「サービスに必要に専門知識を持っている」（$p=0.006$）であった（表9）。

第Ⅲ部 ホスピタリティ意識の特性と形成——他業種との比較分析

　雇用形態との比較では，有意差が認められたのは唯一，サービス提供力のカテゴリーの「サービスに必要に専門知識を持っている」であった（表10）。

3　業種間比較によるホスピタリティ意識の多角的研究

分析の概要

　表10〜表12に示された結果の概要は，下記の通りであった。第一に業種間の比較では以下の通り，「必要であると思う」と回答する割合が高かった（有意差あり）。

(1)「利用者の要望が想定外でも速やかに対応する」に関して，宿泊業従事者＞障害者福祉サービス従事者。

(2)「利用者の状況に合わせて声の調子を変えている」に関して，看護・障害者福祉サービス従事者＞宿泊業従事者。「利用者の理解度を判断し，最も理解しやすいように説明する」に関して，看護従事者＞宿泊業従事者。

(3)「おくゆかしく謙虚な態度で接する」「尊敬語，謙譲語，丁寧語を適切に使う」に関して宿泊業従事者＞障害者福祉サービス従事者。

(4)「サービスに必要な専門知識を持っている」に関して，看護従事者＞障害者福祉サービス従事者・宿泊業従事者

　第二に，全業種に共通して，勤続年数（8年以上＞8年未満）と雇用形態（常勤＞非常勤）で質問「サービスに必要な専門知識を持っている」のみに有意差が認められた。

業種間比較による共通点と相違点

　以上を踏まえて，障害者福祉サービス従事者のホスピタリティについて述べたい。

第**7**章　障害者福祉サービス従事者のホスピタリティ意識の特性比較調査

表10　業種における差異

		業　種	必要だと思う	必要だと思わない	計	有意確率	多重比較結果
サービス提供力 $a=0.743$	利用者の要望が想定外でも速やかに対応する	宿　泊	167 (83.5)	33 (16.5)	200 (100)	<u>0.01</u>	宿泊＞福祉
		福　祉	142 (71.0)	58 (29.0)	200 (100)		
		看　護	149 (74.5)	51 (25.5)	200 (100)		
	利用者が必要とするサービスに，気づくことができる	宿　泊	135 (67.2)	65 (32.5)	200 (100)	0.376	
		福　祉	137 (68.5)	63 (31.5)	200 (100)		
		看　護	147 (73.5)	53 (26.5)	200 (100)		
	利用者の要望が想定外でも創意工夫を凝らして対応する	宿　泊	165 (82.5)	35 (17.5)	200 (100)	0.073	
		福　祉	156 (78.0)	44 (22.0)	200 (100)		
		看　護	146 (73.0)	54 (27.0)	200 (100)		
	利用者の要望に対応できない場合は，代案を提案する	宿　泊	129 (64.5)	71 (35.5)	200 (100)	0.551	
		福　祉	131 (69.5)	61 (30.5)	200 (100)		
		看　護	136 (68.0)	64 (32.0)	200 (100)		
	利用者の好みを職員間で共有し，提供するサービスに反映している	宿　泊	137 (68.5)	63 (31.5)	200 (100)	0.602	
		福　祉	146 (73.0)	54 (27.0)	200 (100)		
		看　護	143 (71.5)	57 (28.5)	200 (100)		
	質問や会話をしやすい，雰囲気つくりをしている	宿　泊	155 (77.5)	45 (22.5)	200 (100)	0.204	
		福　祉	167 (83.5)	33 (16.5)	200 (100)		
		看　護	167 (83.5)	33 (16.5)	200 (100)		

カテゴリー	質問項目	業種			計	有意確率	多重比較結果
歓待 a=0.681	笑顔で接する	宿泊	160 (80.0)	40 (20.0)	200 (100)	0.362	
		福祉	161 (80.5)	39 (19.5)	200 (100)		
		看護	170 (85.0)	30 (15.0)	200 (100)		
	積極的に声かけや挨拶をする	宿泊	143 (71.5)	57 (13.0)	200 (100)	0.054	
		福祉	161 (80.5)	39 (18.5)	200 (100)		
		看護	160 (80.0)	40 (20.0)	200 (100)		
	楽しそうに働いている	宿泊	114 (57.0)	86 (43.0)	200 (100)	0.27	
		福祉	129 (64.5)	71 (35.5)	200 (100)		
		看護	117 (58.5)	83 (41.5)	200 (100)		

カテゴリー	質問項目	業種	必要だと思う	必要だと思わない	計	有意確率	多重比較結果
顧客理解力 a=0.770	利用者の状況に合わせて声の調子を変えている	宿泊	123 (61.5)	77 (38.5)	200 (100)	0.017	福祉, 看護＞宿泊
		福祉	148 (74.0)	52 (26.0)	200 (100)		
		看護	143 (71.5)	57 (28.5)	200 (100)		
	サービスに必要な専門知識を持っている	宿泊	117 (58.5)	83 (41.5)	200 (100)	0.02	看護＞宿泊, 福祉
		福祉	121 (60.5)	79 (39.5)	200 (100)		
		看護	148 (74.0)	52 (26.0)	200 (100)		
	利用者の理解力を判断し, 最も理解しやすいように説明する	宿泊	149 (74.5)	51 (25.5)	200 (100)	0.032	看護＞宿泊
		福祉	160 (80.0)	40 (20.0)	200 (100)		
		看護	170 (85.5)	30 (15.0)	200 (100)		

外見と謙虚 $a=0.805$	謙虚な態度で接する	宿　泊	140 (70.0)	60 (30.0)	200 (100)	0.009	宿泊>福祉, 看護
		福　祉	111 (55.5)	89 (44.5)	200 (100)		
		看　護	119 (59.5)	81 (40.5)	200 (100)		
	尊敬語，謙譲語，丁寧語を適切に使う	宿　泊	162 (81.0)	38 (19.0)	200 (100)	0.001	宿泊>福祉, 看護
		福　祉	127 (63.5)	73 (36.5)	200 (100)		
		看　護	149 (74.5)	51 (25.5)	200 (100)		
	清潔感のある服装や髪型をしている	宿　泊	156 (78.0)	44 (22.0)	200 (100)	0.29	
		福　祉	159 (79.5)	41 (20.5)	200 (100)		
		看　護	168 (84.0)	32 (16.0)	200 (100)		
誠　実 $a=0.770$	利用者の要望を誠実に聞く	宿　泊	161 (80.5)	39 (19.5)	200 (100)	0.476	
		福　祉	170 (85.0)	30 (15.0)	200 (100)		
		看　護	167 (83.5)	33 (16.5)	200 (100)		
	顧客の要望に対応できない場合は，誠実に理由を説明する	宿　泊	162 (81.0)	38 (19.0)	200 (100)	0.957	
		福　祉	162 (81.0)	38 (19.0)	200 (100)		
		看　護	164 (82.0)	36 (18.0)	200 (100)		
	適切なタイミングでサービスを提供する	宿　泊	156 (78.0)	44 (22.0)	200 (100)	0.465	
		福　祉	146 (73.0)	54 (27.0)	200 (100)		
		看　護	154 (77.0)	46 (23.0)	200 (100)		

第Ⅲ部　ホスピタリティ意識の特性と形成——他業種との比較分析

表11　勤続年数との関係

サービス提供力	勤続年数	必要だと思う	必要だと思わない	計
サービスに必要に専門知識を持っている	8年未満	107(52.5)	97(47.5)	204(100)
	8年以上	279(70.5)	117(29.5)	396(100)

（注）　有意確率　p＝0.006，8年以上＞8年未満．

表12　雇用形態との比較

サービス提供力	雇用形態	必要だと思う	必要だと思わない	計
サービスに必要に専門知識を持っている	常　勤	320(66.5)	161(33.5)	481(100)
	非常勤	66(55.5)	53(44.5)	119(100)

（注）　有意確率　p＝0.024，常勤＞非常勤．

(1)ホスピタリティ意識について

　前述したように仮説を，ホスピタリティ意識に関して「サービス提供力」「歓待」「顧客理解力」「謙虚」「誠実」において宿泊業従事者が他の業種より高くなると設定したが，仮説は棄却された。

　「利用者の要望を誠実に聞く」「利用者の要望が想定外でも創意工夫を凝らして対応する」「質問や会話をしやすい，雰囲気つくりをしている」「積極的に声かけや挨拶をする」「顧客の要望に対応できない場合は，誠実に理由を説明する」「適切なタイミングでサービスを提供する」などで「必要だと思う」ことに有意差はみられなかった（表10）。

　このことはホスピタリティ意識として障害者福祉サービス従事者は他業種と同様の必要性を感じているということになる。

(2)他業種と有意差の見られた項目について

①「利用者の要望が想定外でも速やかに対応する」について

　宿泊業従事者は障害者福祉サービス従事者に比して「利用者の要望が想定外でも速やかに対応する」に「必要であると思う」と回答する割合が高かった。宿泊業は同業の選択肢が多い中で利用者に快適感を抱かせなければならず，サービスの満足度が重要となる。そして，それがリピーターを確保することにつながる。客を待たせない対応が求められるであろう。その点で福祉従事者と

看護従事者に比べて，不特定多数の人に迅速で柔軟な対応をしなければならない状況がある。

　しかし，障害者福祉サービスでは入所・通所など利用者が特定されていたり，また熟慮してから対応すべきであったりすることもあり，対応が速ければ良いとは限らない。五十嵐の調査では，医療福祉関係施設のホスピタリティ意識として，「表現方法の適切性」「合理性」「確かな反応性」が求められていることが示唆されている[6]。

②利用者の状況に合わせて声の調子を変えている」について

　看護，障害者福祉サービス従事者は宿泊業従事者と比較して，「必要だと思う」と回答する割合が高かった。宿泊業従事者は不特定多数の利用者に対し，平等に標準化したサービスを，迅速に過誤無く提供できることにより，クレームに対しても一見整合性のある回答がしやすい。これは別の見方をすれば，宿泊業従事者は個別性を意識しすぎた対応をすれば，利用者に不快感を与えかねないことが影響していると言えよう。

　逆に，現場で意思を表明することをあきらめてしまっている人々に寄り添うことを心がける障害者福祉サービスとの差異を示すものと言えるだろう。これは高野たちの調査結果「社会福祉サービス従事者が利用者のよき理解者であろうとする」[7]姿勢と軌を一にすると考えられる。

　別の視点から見れば，障害者福祉サービスでは，口調を相手によって変えることで関係を形成するように努めている。親しみやすさを求め，より身近な存在になろうとする。そして伝えたいことを利用者の状況に鑑みて伝えようとする。さもなければ利用者との間に壁を作ってしまう危険性がある。これも高野たちの調査で示された「介護職員ならではの接し方で，一般企業や産業では顧客に対して見られない，甘えることも対応の一つとなっており，親しみを伝えるという特性」と軌を一にすると考えられる。

③「謙虚な態度で接する」「尊敬語，謙譲語，丁寧語を適切に使う」について

　宿泊従事者は，障害者福祉サービス従事者と比較して「必要だと思う」と回答する割合が高かった。これには「謙虚な態度」「敬語の使用」が時として，

第Ⅲ部　ホスピタリティ意識の特性と形成——他業種との比較分析

福祉サービスの利用者と従事者が生活場面で関係を築くうえで，支障となると懸念を感じるのかもしれない。これは上記の「親しみやすさを求め，より身近な存在になろうとする」と共通すると考えられる。

　さらに障害者福祉サービスでは要望に応えていれば良いとは限らない。生活に制約を設けることも必要となることがある。一例として田口は，福祉や看護の場面で一般的なサービスを取り入れることは，対象者の自立を助けるものではなく，阻むものになってしまう[8]，としている。つまり，対象者の自立への意識を下げていくなどの危険性を大きくはらむ可能性があることを示唆している。

　宿泊業従事者は不特定多数の利用者に失礼の無いように努め，マニュアルも徹底している。確かに福祉サービスは他の業種に比べて，マニュアル化ができていない部分もあると考えられる[9]。しかし，他方で自立支援を促すための関係性の維持のために，一見サービス業では見られにくい，謙虚ではないような態度に思われることも厭わないと考えられる。これは筆者の別調査でのインタビュー結果でも見られた「自立を促すために一見厳しいと見られる行動をする」という結果と軌を一にすると考えられる。

(3)「サービスに必要な専門知識を持っている」に関して

　特に，業種に関して述べれば，看護従事者に比較して，障害者福祉サービスと宿泊業の従事者は「サービスに必要な専門知識を持っている」を「必要だと思う」と回答する割合が低かった（表10）。

　看護従事者では医療的な専門知識が求められ，その知識に基づく判断と行動が瞬時の危機管理につながる。それに対して障害者福祉サービスと宿泊業では専門知識も必要であるが，常識や生活の知恵が強く求められることに起因すると考えられる。だたし，全職種に共通して，勤続年数が高くなることにより，専門知識を持っていることの必要性が認識されている（表11）。また非常勤よりも，常勤職の方がその必要性を認識することが示されている（表12）。

　以上より，ホスピタリティ意識に関して，障害者福祉サービス従事者は他業種と同様の必要性を感じているということが示唆された。また，障害者福祉

サービス従事者は利用者を理解し支援することを目的として，関係性を形成するための「相手に合わせた」「親しみやすい」態度を表現しようと努める。そして親しみやすさを求め，より身近な存在になろうとする。それは，利用者の特性により宿泊業と異なり，障害者福祉サービス従事者が，目の前の一人ひとりの利用者の利用者の真の願いを見出し，利用者の生活をよりよくすること（自立支援も含めて）を願うことに起因していると考えられる。これは利用者が能動的に要望を示せる宿泊業と，それが困難な障害者福祉サービス従事者の違いによる。加えて，サービスに必要な専門知識を持っていることに対して，障害者福祉サービス従事者は看護師より必要度が低く認識されているものの，勤務年数や雇用形態により変化することも示された。

　以上の量的比較により，ホスピタリティ意識に関して，障害者福祉サービス従事者の他業種との比較をすることができた。さらに，障害者福祉サービス従事者とその利用者とのコミュニケーションの特性と，専門性に関する認識も理解できた。しかし，本章での分析結果により，ホスピタリティ意識が，障害者福祉サービスにおいてどのような要因とプロセスで形成されるのか，明確にはできなかった。特に利用者を「かけがえのない存在」として捉えるホスピタリティとは正反対の，利用者を否定して害するという津久井やまゆり園事件などが起きている中で，そのホスピタリティ意識形成プロセスを探ることは必要であると考えられる。

　また利用者とのコミュニケーションの特性も，限られた空間における特性を示すものであり，地域生活の推進に視野を広げたものではなかった。その限界を補うため，次章でインタビューによる質的調査を行う。

注
1)　山岸まなほ・豊増佳子「日本型ホスピタリティの尺度開発の試みと職種間比較」
　　『国際医療福祉大学紀要』14(2)，2009年，62頁。
2)　小田亮・平石界「日常的な利他性とパーソナリティ特性が及ぼす影響」『パーソ
　　ナリティ研究』23(3)，2015年，193-196頁。
3)　和田さゆり「性格特性用語を用いた Big Five 尺度の作成」『心理学研究』67(1)，

111

第Ⅲ部　ホスピタリティ意識の特性と形成——他業種との比較分析

　　1996年，61-67頁。

4)　同前書。

5)　小田亮・平石界，前掲書，2015年，193-196頁。

6)　五十嵐元一「ホスピタリティと企業行動に関する研究——'SERVQUAL'研究を手掛かりとして」『北海学園大学経営論集』3(2)，2005年，104頁。

7)　田口潤・関谷栄子・土川洋子「介護福祉実践における『ホスピタリティ』の応用の可能性　その3」『白梅学園大学研究年報』15，2010年，121頁。

6)　五十嵐元一，前掲書，2005年，104頁。

7)　高野恵子・堀内泉・峯本佳世子「高齢者施設におけるホスピタリティに関する調査」『甲子園短期大学紀要』33，2015年，47頁。

8)　田口潤・関谷栄子・土川洋子，前掲書，2010年，121頁。

9)　本岡類『介護現場はなぜ辛いのか——特養老人ホームの終わらない日常』新潮社，2009年。

第8章
知的障害者福祉サービス従事者の
ホスピタリティ意識の形成要素とプロセス調査

1　調査の目的と方法

調査の特徴と対象

　本章では，障害者福祉サービス従事者のホスピタリティ意識と行動の選択における，その形成要因と発展プロセスを探る。

　なお，本調査では前章で示したホスピタリティの定義「(1)人間の尊厳を認識し，心からの接遇を行う，(2)自立した人格が自立した人格としての他者をもてなす，という関係構造となる，(3)異質なもの同士の対等でインタラクティブな共働が，新たな価値を生み出す，(4)［内面（精神性）と行為］を包含した「機能」である，(5)倫理・精神・行為・行動・関係・機能を含む」を考慮すれば，知的障害者の地域生活支援まで視野に入れなければならないと考えた。さもなければ，第一調査で示された「笑顔」「言葉遣い」などのおもてなしの次元で，ホスピタリティ意識を議論してしまう危険性があるためである。

　また，本章で「仕方がない」という回答に着目するのは，そのように答えた従事者を非難する目的ではなく，そのメカニズムを探ることに目的があることを確認しておきたい。

　インタビューイーは関東L市の知的障害者の生活支援に取り組んでいる，3施設（地域生活支援としてグループホームを設置した実績のある施設と現在グループホーム設置に向けて検討している施設と現在においてグループホーム設置を全く検討していない施設）から施設従事者と施設管理者を選定した。

第Ⅲ部　ホスピタリティ意識の特性と形成──他業種との比較分析

表13　調査協力者の属性

職員名	所属施設	職　種	性　別	年　齢
A	施設1	生活支援員	男	40代
B	施設1	生活支援員	女	30代
C	施設1	生活支援員	男	20代
D	施設2	生活支援員	女	20代
E	施設2	生活支援員	男	30代
F	施設3	生活支援員	女	40代
G	施設3	生活支援員	男	20代
H	施設1	施設管理者	男	60代
I	施設2	施設管理者	男	50代
J	施設2	施設管理者	女	40代
K	施設3	施設管理者	男	60代

　従事者のホスピタリティ意識に関して，組織からの影響を探るために，グループホームに対する設置姿勢の差異を比較基準とした。内訳は，施設管理者4名，従事者7名，計11名である。なお対象者の性別は11人中，男性4人，女性7人であった（表13）。

　また，前線で活動している施設支援員に加えて，施設管理者の目を通して多角的な視点から分析し，ホスピタリティ意識に関してさらに構造的に理解するために，2種類のインタビューイー（知的障害者福祉施設管理者4名（40代1名，50代1名，60代2名）と知的障害者福祉施設生活支援員7名（20代3名，30代2名，40代2名））を設定した。

　L市を調査対象として選択した理由は，以下の2点による。

(1)障害者福祉サービスの実施状況（共同生活援助，施設入所支援，生活介護等）の配分が全国の標準とかい離していないため。

(2)組織環境がホスピタリティ意識に与える影響を考えるために，有意抽出の典型法により三種類（地域生活支援としてグループホームを設置した実績のある

114

第8章　知的障害者福祉サービス従事者のホスピタリティ意識の形成要素とプロセス調査

施設，現在グループホーム設置に向けて検討している施設，現在においてグループホーム設置を全く検討していない施設）を調査できるエリアであったため。

　なお，グループホームの設置を比較基準にした理由は，グループホームが完全な理想的サービスというわけではないが，グループホーム設置に関して異なる姿勢を示していることが，従事者のホスピタリティ意識に関する組織的な影響を探る一つの尺度になる可能性があると考えたためである。

　実際に，3施設の施設管理者の考え方は以下の通り異なっている。（　）内は後述する表14の回答番号である。

　第一の施設1の管理者（H）は，「（知的障害者の）地域生活は当然のことなので，組織としてそのうねりを作っていきたい，その中で職員にもその意味をわかってもらいたい」（2-8-2）と語っており，当該施設内ではその理念が反映され，「利用者の夢をかなえさせようという雰囲気があり，施設ではなくグループホームを利用することが当然」（2-9-5）という雰囲気もある。

　第二の施設2では，家族に依存するだけの福祉サービスでは限界があると考え，グループホームの開設を数年来検討してきた経緯がある。土地の候補が見つかったので，地元説明会を行ったところ，町内会からの強い反対があった。

　施設の管理者は，「自分は今まで障害者への支援で様々な困難にぶち当たってきたが，これまで克服することができた。これからも同様の困難があっても大丈夫だと思う」（2-8-1），「職員が犠牲を被るのは仕方がないが，理不尽に利用者が不利益を被るのは許せない」（2-1-5）という信念で取り組んできたという。そして，従事者も「これまでにも知的障害者福祉のサービスの実績があり，そのノウハウについても組織として蓄積している」（2-9-3）と信じている。「管理者の認識として，現在のサービスで満足してしまうことなく，自分たちの力量を踏まえつつも，利用者のために前進することを考えたい」（2-8-1）と考えている。

　第三の施設3は，グループホームを設置していない。施設管理者も，現在の従事者の力量ではグループホーム開設は無理と考えている。グループホームは

115

第Ⅲ部　ホスピタリティ意識の特性と形成——他業種との比較分析

特に少人数の職場であり，職員の育成や応援がしにくいためである。さらに，法人の資金が乏しいため，通所施設利用者の中でグループホームを必要とする者がいることは認識しつつも，その方向での検討はしていない。

調査方法

　筆者は2016年7月1日から8月20日に表13の11名に第一次インタビューを行った。場所はインタビューイーの勤務先の相談室を使用した。インタビューは，インタビューガイド（資料2「「障害者福祉サービス従事者のホスピタリティ意識形成に関するインタビュー調査」第一次インタビュー　インタビューガイド」参照）を作成し，1名ずつの対面インタビュー形式でICレコーダーに録音し，個人情報保護に留意しつつ逐語録を起こし，分析を行った。調査にあたってはインタビューイーの同意書を得た。

　インタビュー方法は，質問票を提示し，それに対してインタビューイーに自由に語って頂くという半構造化面接を用いた。ホスピタリティの語が，現場ではまだ十分な理解がされていないため，調査票にはホスピタリティについては言及せず，ホスピタリティの趣旨を反映するように質問票を作成した。

　そして，2016年10月10日から11月20日に同じインタビューイーに第二次インタビューを行った。場所は同様にインタビューイーの勤務先の相談室を使用した。インタビューは，インタビューガイド（資料3「「障害者福祉サービス従事者のホスピタリティ意識形成に関するインタビュー調査」第二次インタビュー　インタビューガイド」参照）を作り，1名ずつの対面インタビュー形式でICレコーダーに録音し，個人情報保護に留意しつつ逐語録を起こし，分析を行った。調査にあたってはインタビューイーの同意書を得た。第二次インタビューは「仕方がないと感じる」を深く掘り下げて検討するために実施した。その時の，インタビュー内容は「支援において仕方がないと感じたことはありますか」「どのような時に感じますか」「それに対して何を感じて，どのように対応しましたか」であった。

　そして，得られた回答から，質的研究法により具体的な要素を抽出し，カテ

第8章　知的障害者福祉サービス従事者のホスピタリティ意識の形成要素とプロセス調査

質問票
　下記の項目についてどのようにお考えかを，お尋ねいたします。答えたくないことについては，答えなくても結構です。
1　知的障害者が地域で生活することへの支援についてどのように考えますか。積極的に進めたいと思いますか。
2　知的障害者の地域生活を支援するうえで，何が特に支障となると思いますか。
3　サービス利用者に対する支援について，どのように考えて取り組んでいますか。そして，あなたはどのようなことに心がけて，どのように取り組んでいますか。そして就職時から比べてどのような変化をしてきましたか。そのような変化をさせたものは何ですか。
4　ご自分が所属する組織に対して以下の点に関して，どう感じていますか，また今後利用者への支援を向上するために，何を期待しますか。またそれによりどのような影響があると思いますか。
　　• 組織の使命を伝えること
　　• 公正な評価
　　• 職員の育成
　　• 職場内でのコミュニケーション
5　あなたは，同僚の職員と管理者のコミュニケーションをどのようになさっていますか。それにより利用者への支援に関する意識は，どのように変わりましたか。

ゴリーを形成し，その関係性を整理した。

　一次インタビューは，個々の従事者が知的障害者の地域生活支援の可能性について第一に質問し，その上で自分たちの個々の知的障害者利用者に関わる姿勢を問い，それを支える組織のあり方を聞く。そして最後に，同僚と上司とのコミュニケーションにより，従事者自身が利用者に提供するサービスの意識をどのように変えられたのかということを聞く，という構成である。言ってみれば，知的障害者の地域生活の可能性を問うとともに，目の前の知的障害者に対する理解，行動の選択のプロセス，そしてそれを支える組織の在り方について聞くという趣旨である。

　なお，倫理的配慮として，インタービューイーには事前に電話と文書で研究の趣旨，研究方法等を説明した上で，面接の際は，研究の趣旨，自由意思での参加の決定，途中辞退の自由，個人情報の保護，得られたデータは研究以外に使用しない，同意後の撤回の自由，倫理委員会の承認を受けていること，等について説明し，同意書を得た。

第Ⅲ部　ホスピタリティ意識の特性と形成——他業種との比較分析

　収集したデータの保管・管理は研究担当者の責任において厳重に行い，公開に際しては，個人が特定できない形とし，プライバシーの保護に十分に配慮した。尚，本研究は国際医療福祉大学研究倫理審査委員会の承認を得ていることを伝えた（国際医療福祉大学研究倫理審査委員会：承認番号：16-Ig-1）。

　分析対象はインタビューした11名である。知的障害者福祉サービス従事者のホスピタリティ意識形成に関するプロセスモデルを構築するために，佐藤[1]の「質的データ分析法」の「事例—コード・マトリックス」による分析法を援用し，「カード分類による体系化」を行った。これは，定性的データ（複数の聞き取り結果）の類似性をもとに分類・要約するものである。この分析法を用いたのは，前述のとおり社会福祉領域におけるホスピタリティの先行研究が少ない現状で，全体の構成要素の関係性を俯瞰するには適しているためである。なお，同分析方法は文書セグメントが置かれている元の文字テキストの文脈を重視している。そしてコーディング作業において帰納的アプローチだけではなく，演繹的アプローチも積極的に活用した。

　具体的には，インタビューの逐語録の文字データをまずオープンコード化して，次に焦点的コーディングを行う。オープンコーディングで文字テキストデータ自体からコードを立ち上げる。そして抽象的なコードである焦点的コーディングに移行する。その上で，明らかになった概念コードとコード間の関係を概念モデルとして描き出すことを目的としている。

　なお，質的データの真実性と厳密性を確保するために，データの解釈にあたっては，筆者に加えて，研究者2名により整理を行った。

2　分析結果

　本調査でも，インタビュー逐語録にオープンコードを付けた文書の箇所である文書セグメント（オープンコードの数と同一）ごとにカードを112枚作成し，整理すると，焦点コード7，下位カテゴリー46が抽出された。具体的な表記と併せて整理したものが表14である。

第8章　知的障害者福祉サービス従事者のホスピタリティ意識の形成要素とプロセス調査

　なお，細分化した結果のみでは理解しにくいと思われたため，インタビューイー4名の事例を資料4「「障害者福祉サービス従事者のホスピタリティ意識形成に関するインタビュー調査」インタビューイ4名の事例」で後述する。

　焦点コード7『支援姿勢の選択』では【施設の方針に賛同】【施設の方針に疑問をもちながらも自分ができることを考えていく】【できなくても仕方がないと割り切る】【支援に意義が感じられなくなる】の4つの下位カテゴリーに分かれるが，4人それぞれがそこまでに至る軌跡を示す。

表14　第二調査文書セグメントの整理結果

焦点的コード1	下位カテゴリーと具体的表記　（　）内は発言者
1『利用者を取り巻く現実』（従事者の入職前）	1-1　入所施設の現実的必要性 1-1-1「入所施設が利用者の生活の質を十分に保証できないことはよくわかっているが，施設に入れずに困っている人が多くいるのも現実である」（K） 1-1-2「障害特性や家族の状況を考えると，施設で生活することも仕方がないという選択肢を選ばざるを得ない状況である」（A） 1-1-3「国は入所施設を作らないようにして，地域で生活できるようにするといっているが，それはとても無理である」（G） 1-1-4「家族がケアするには限界がありますから」（障害者施設のベテラン職員による「地域と施設とどちらがよいと思いますか」という質問に対しての回答）（E） 1-1-5「国は施設でなくて地域というけれど，無理に決まっている」（障害者施設のベテラン職員。グループホームの発展が期待されていない。これも現実的なグループホームの開設の難しさを知っているためである）（E） 1-2　家族への依存 1-2-1「現在施設でなくても地域で生活できるという人がいるが，それは家族への過剰な負担の上に成り立っている」（F） 1-3　グループホーム設置の困難さ 1-3-1「利用者の生活の質を高めるためにグループホームの開設を考えても，当事者のことを考えられる支援能力のある人材が確保できず，事業の展開ができない」（K） 1-3-2「グループホームは少人数職場であり，職員の育成や応援がしにくい」（K） 1-4　職員確保の困難さ 1-4-1「現在障害者福祉の現場に応募する人が少なくなり，人手の確保が難しい」（I） 1-4-2「何とか人手が集まっても，いろいろなことを任せられる人は少ない」（K）

第Ⅲ部　ホスピタリティ意識の特性と形成——他業種との比較分析

1-4-3「景気がよくなると，職員が他の業界に移ってしまう」（J）
1-4-4「すぐやめてしまうので職員を育てることができない」（H）
1-5　地域の理解の困難
1-5-1「地域によってはグループホームに関して理解が得られず強い反対にあうところがある」（H）

焦点的コード2	下位カテゴリーと具体的表記　（　）内は発言者
2『より良い生活を創造する力』	**1　個人レベル** (1)　支援姿勢 **2-1　自発性を促す心** 2-1-1「利用者と話すことが好きで，積極的に話しかける」（A） 2-1-2「相手を思いやることができると自分で思っている」（B） 2-1-3「支援の中で自分の可能性を試してみたい」（D） 2-1-4「人と話すことが好き」（F） 2-1-5「職員が犠牲になるのは仕方がないが，理不尽に利用者が不利益を被るのは許せない」（I） **2-2　目の前の人のかけがえのなさの理解** 2-2-1「自分がここであきらめたら，この人たちは救われなくなってしまう」（A） 2-2-2「目の前の人を大切にしたい」（B） **2-3　ノルマとマニュアルを超える** 2-3-1「自分は制度的な役割分担の枠はあまり気にしない」（B） 2-3-2「上司の，『限界を考えながら仕事をするように』という指示に対して，素直に従うことができない」（F） **2-4　徹底的に一人の人間に向かい合う** 2-4-1「支援にあたり，しっかりと一人一人の意思を確認したい」（A） 2-4-2「利用者のためにとことん付き合おうとする。それで上司からしばしば注意される」（F） (2)　専門的技術と知識 **2-5　専門的知識技術の獲得** 2-5-1「障害特性に合った支援の考え方と知識を学んでいる」（A） **2　マネジメントレベル** **2-6　配慮した採用** 2-6-1「施設の理念に共有できる人を採用する」（H） 2-6-2「採用面接でしっかりと人物を見極めるようにしている」（I） **2-7　育てる** 2-7-1「経験の少ない職員に，職場間交流がなく視野が狭くなってしまうので，職場間交流を試みている」（J） 2-7-2「中堅職員に役割を与えるようにして，意識を向上させるようにしている」（I） 2-7-3「中堅職員が若手職員にものをいってもなかなか聞いてくれないの

120

第8章　知的障害者福祉サービス従事者のホスピタリティ意識の形成要素とプロセス調査

で，トラブルが起きたときなどに適宜注意するようにしている」(J)

2-7-4「自分たちが頑張って利用者の生活が良くなっている姿を後輩たちにも見せて，できるということをわかってもらいたい」(I)

2-7-5「知的障害者の特性を知らないものに支援をさせても，十分な支援はできない。きちんとした教育を受ける必要がある」(I)

2-7-6「組織としてこのような職員を育てるようにしたいというシステムを作りたい。一人ひとりが勝手に育ったというのではなく，組織としてこのような職員を育てたいというプリンシパルが必要である」(H)

2-7-7「発達障害の特性について外部から講師を招き講習会を実施するようにしている。そうして職員の支援の力量を伸ばしたい」(I)

2-7-8「職員の状況に合わせた研修を実施する。中堅職員の責任を明確化して，責任を委譲するようにしている」(J)

2-8　積極的なリーダーの姿勢と施設の使命

2-8-1「管理者の認識として，現在のサービスで満足してしまうことなく，自分たちの力量を踏まえつつも，利用者のために前進することを考えたい」(I)

2-8-2「地域生活は当然のことなので，組織としてそのうねりを作っていきたい。その中で職員にもその意味をわかってもらいたい」(H)

2-8-3「組織の方向性として障害者の地域生活を当然のように考えており，職員に特に疑問も抱かせない。組織として同じ理念をもつ人を増やしていこうとしている」(H)

2-8-4「自分は今まで障害者への支援で様々な困難にぶち当たってきたが，これまで克服することができた。これからも同様の困難があっても大丈夫だと思う」(I)

2-9　前向きな組織の雰囲気

2-9-1「過去にいろいろなことに挑戦しており，新しいことに取り組むことに抵抗のない雰囲気」(A)

2-9-2「職場内のミーティングをもつようにして，職場が何を目指しているのかを伝えるようにする」(J)

2-9-3「これまで組織は知的障害者の支援の実績があり，そのノウハウについても組織として蓄積している」(D)

2-9-4「これまでグループホームを開設してきた実績があり，新しいグループホームを開設するノウハウを組織は持ち合わせている」(A)

2-9-5「利用者の夢をかなえさせようという雰囲気があり，施設ではなくグループホームを利用することが当然という雰囲気がある」(B)

焦点的コード3	下位カテゴリーと具体的表記　（　）内は発言者
3『より良い生活の創造を阻む力』	1　個人レベル (1)　支援姿勢 3-1　自発性を阻む力 3-1-1「新しいことを作り出す意欲はない」(G) 3-1-2「いわれたことをやっている分には，首にはならないと思っている」

第Ⅲ部　ホスピタリティ意識の特性と形成——他業種との比較分析

(G)
3-1-3「人と積極的に話すのは苦手で，自分は聞き役が多いと思っている」
(E)
3-1-4「現在の業務を考えると，私の業務をこれ以上増やすことは無理である」(F)
(2)　社会性
3-2　協調行動の支障
3-2-1「同僚や利用者と話すことが苦手な職員がいる」(H)
3-2-2「時間が守れない職員に困っている」(J)
3-3　感知性の乏しさ
3-3-1「福祉の勉強をしてきた新人の専任職員が利用者の気持ちを察知することができない。それに対して，専門的な勉強をしていなくても，利用者の表情を年配の非常勤職員が的確に見抜く」(J)
3-4　従事者の不適格性
3-4-1「いとも簡単に，自分に向いていないと退職してしまう新人職員がみられる」(I)
3-4-3「職員の応募者が少ない中で，ようやく採用した職員も人格的に課題がある」(H)
3-5　上司とのコミュニケーションの困難
3-5-1「少し注意されるとむっとしてしまう」(K)
3-5-2「上司や先輩の注意に耳を傾けない」(I)
(3)　専門的技術と知識
3-6　利用者理解の乏しさ
3-6-1「自閉症についてよくわかっていない。特に支援の方法論について最低限の勉強ができていない」(G)
3-6-2「障害特性に合った関わり方がわかっていないので行き詰まっている」(C)
3-6-3「障害者に接する技法について十分に学んでいない」(E)
3-6-4「他の施設の支援を学びに行く時間が取れず，自分たちなりの仕方で支援している（しかし限界がある）」(K)

2　マネジメントレベル
3-7　組織として動けない
3-7-1「『仕方がないものは仕方がない』と回答するようにしている。これは現在の資源で確実に事故がないようにするには，まず自分たちの仕事の枠組みで展開するしかないと言い切るためである。かつていろいろと冒険をして痛い目や事故などにあい，せめて部下たちには嫌な思いをさせたくない」(K)
3-8　組織としてのプリンシパルの共有化ができない
3-8-1「組織としての方向を明確にする一つのキーワードがないと組織は迷走してしまう」(F)
3-9　やむを得ない採用

第8章　知的障害者福祉サービス従事者のホスピタリティ意識の形成要素とプロセス調査

3-9-1「当事者能力のある人の応募が少ないが雇わざるを得ない」(K)

3-10　育てられない

3-10-1「職員の勤務体制の厳しさから，職員を研修に行かせることができない」(K)

3-10-2「ケアの方向が見えない中で，エネルギーが低下することへのバックアップがない」(C)

3-10-3「研修に参加できない職場状況である」(I)

3-10-4「職員が勝手に育つのを待つのではなく，このような職員を育てたいというビジョンが必要だと思う。今のままでは本当に場当たり的で，個々の職員が育ってくれてよかったねという，他人任せの状態である」(E)

3-11　劣悪な労働条件

3-11-1「職員が（職務）継続できない給与体系である」(K)

3-12　施設の使命の不鮮明

3-12-1「楽しくやろうといった簡易なものでもよいから，組織が目指すものを明らかにしなければならない」(G)

3-13　前向きでないリーダーの姿勢

3-13-1「組織というよりも直属の上司の管理者が新しいことを一切受け付けようとしない」(E)

3-13-2「施設長が，仕方がないものは仕方がないといってそれ以上のことは考えさせてくれない」(G)

3-13-3「管理職は，対外的な調整が生じるような面倒なことはしたがらない」(F)

3-13-4「施設長は，うちの職員はよくやっていて，問題がないといっているが，課題は山積している」(G)

3-14　物理的な対応可能性の限界

3-14-1「利用者は自立している人に来てほしい。そうでなければ限られた職員体制の下で限界がある」(E)

3-14-2「リクエストはあっても建物を改修するわけにはいかないので活動も限られる」(K)

3-14-3「人手が足りないので本人が望むアクティビティを期待されてもあきらめるしかない」(E)

3-14-4『利用者からいろいろと話しかけられても，「待っていてください」と利用者にいわざるを得ないことが多い』(F)

3-15　停滞した組織の雰囲気

3-15-1「一つひとつの利用者への支援について問題意識もあったが，それを取り上げていてはきりがないと，割り切らなければならないような雰囲気がある」(E)

3-15-2「職員が頑張ったら，それを評価するような雰囲気を作ってほしい（現在はない）」(F)

3-15-3「個人としてではなく，家族や地域に対して組織が複数の失敗をしており，トラウマのようなものがある」(K)

第Ⅲ部　ホスピタリティ意識の特性と形成——他業種との比較分析

3-15-4「現在の社会資源の状況を考えれば，それぞれの知的障害者の生活に寄り添うことは難しく，仕方がない雰囲気」（F）

3-15-5「職員は，自分たちはここでは生活できないよね，と語っている」

3-16　地域との関係が作れない

3-16-1「グループホーム建設において，強硬な地域住民の反対にあって，対応がわからず，今回は仕方がなかった」（I）。

3　利用者の障害特性

3-17　医療支援の必要性

3-17-1「支援のプログラムについて，医療も含めた強い体制作りが求められる」（A）

3-18　コミュニケーションの困難さと周辺症状

3-18-1「障害特性によりコミュニケーションが困難である」（C）

3-18-2「周辺症状が激しく，スタッフや利用者にきつい言葉を投げかける」（B）

3-18-3「ほかの利用者や職員への危害を加える可能性がある」（D）

焦点的コード4	下位カテゴリーと具体的表記　（　）内は発言者
4『従事者が個々の利用者に向き合う』（入職して約2年間）	4-1　一人の人間に寄り添う 4-1-1「本人の夢に寄り添おうとする」（A） 4-1-2「一人ひとりの利用者を大切にしたい」（B） 4-2　現実的限界を強く感じる 4-2-1「利用者の生活を向上させることは重要であろうが，それにより自分たちの仕事が増えてしまうことになり，限界がある」（G） 4-3　自分に合っていない 4-3-1「福祉の現実と接する中で，どうもこの仕事は自分には合わないのではないかと思っている」（E）

焦点的コード5	下位カテゴリーと具体的表記　（　）内は発言者
5『どうにもならない現実の体験』	5-1　個人の希望にこたえられない 5-1-1「職員不足で個々の利用者の外出などの要望に職員が応えられない」（E） 5-2　グループホームの組織発展ができない 5-2-1「グループホームを開設するなど，利用者に資する事業改善ができない」（K） 5-3　利用者との関係形成ができない 5-3-1「障害特性によりどれだけ働きかけても，リアクションが得られない」（G） 5-3-2「利用者の他害行為に対応しなければならないが対応策がわからない」（G）

第8章　知的障害者福祉サービス従事者のホスピタリティ意識の形成要素とプロセス調査

焦点的コード6	下位カテゴリーと具体的表記　（　）内は発言者
6『どうにもならない現実の後の対処』	(1)　あきらめない 6-1　次の機会を考える（当初の理想と同等のレベルを目指す） 6-1-1「今回，仕方がないとあきらめたことを十分に反省したい」(I) 6-1-2「職員に，利用者の気持ちを理解して障害特性に合った支援ができるように教育する」(J) 6-1-3「次は必ずグループホームを作りたい」(H) 6-2　対案を提示する（当初の理想とはレベルが下がる） 6-2-1「今回，本来のリクエストに対応できなかったことをとても申し訳なく感じている」(I) 6-2-2「今目の前の利用者にできなかったことを本当に申し訳なく思っている」(A) 6-2-3「少しでも気持ちをほぐしてもらいたい」(B) (2)　自己防衛する 6-3　「仕方がない」に慣れてしまう 6-3-1「最初は仕方がないと迷うことがあったが，現在では感じなくなってきている」(E) 6-3-2「仕方がないと伝えて，それに利用者から猛烈に反対されても，何とも思わなくなる」(G) 6-4　達成感がなくなる 6-4-1「この職場で勤務していて何の達成感も感じない。別の可能性を考えたいと思う」(C) 6-4-2「利用者とのコミュニケーションが取れないし，その支援も得られない状況の中で，ここで継続していく気力が失われる」(C)

焦点的コード7	下位カテゴリーと具体的表記　（　）内は発言者
7『支援姿勢の選択』	7-1　施知的障害者の地域生活を推進するという施設の方針に賛同する 7-1-1「組織の方針に従い，利用者の地域生活を支援していきたい」(A) 7-1-2「先輩からのアドバイスにより，自分自身が良かれと思っていることが利用者の目から見ていないことに気が付かされた」(B) 7-2　施設の方針に疑問をもちながらも自分ができることを考えていく 7-2-1「施設の効率性を求める姿勢には疑問がある。そこで，システムを変えることはあきらめているが，利用者の話はしっかりと聞こうとする」(F) 7-2-2「できないと言わざるを得ないときも，何か対案を考えていきたい」(F) 7-3　できなくても仕方がないと割り切る 7-3-1「施設での生活は仕方がないと思う。そこで集団生活の不便さがあっても仕方がない」(E) 7-3-2「自分が割り切れない性格であるが，制度や組織の限界とのバランスを考えていかねばならないと考えている」(E)

第Ⅲ部　ホスピタリティ意識の特性と形成——他業種との比較分析

7-3-4「現在本人にはそれしか資源がないのであるから，それを現実として受け止めるしかない」(G) 7-3-5「先輩や上司が熱い仕事をしているのを見るとうっとうしく感じる」(G) **7-4　支援に意義が感じられなくなる** 7-4-1「利用者に向かい合ったとき，支援に意義を感じられなくなる」(C)

3　同一施設内従事者・入職当初との比較研究

全体のストーリーライン

　焦点的コードは表15の通り，7つが抽出された。ここでは，同一施設の従事者でもホスピタリティ意識が別の方向に進むことがあり，また入職当初は支援の意欲にあふれていても，やがてそれが減退する事例も認められた。以下『　』は焦点的コード，【　】は下位カテゴリー，「　」は回答内容を示す。

　入職前から『利用者を取り巻く現実』がある。それは，知的障害者が生活のしづらさを抱えているが，【家族への依存】していたり，【入所施設の現実的必要性】が生じたりしている。しかし，同時に知的障害者施設でも【職員確保の困難さ】が困難となっており，また【グループホーム設置の困難さ】【地域の理解の困難】がみられる。

　現実に提供されているサービスが少ないことが，集団生活を余儀なくする入所施設か，在宅で家族に依存するかの二者択一を迫っている。

　従事者は，入職前は障害者福祉サービスの理想やイメージを持っている。そして入職後，『従事者が個々の利用者に向き合う』ことになる。ここで次の三つに分かれることになる。【一人の人間に寄り添う】【現実的限界を強く感じる】【自分には合っていない】である。これらの選択肢に分かれることをホスピタリティ意識が維持・向上されたり，減退させられたりしている。

　そこにはその現実的な影響力である『より良い生活を創造する力』『より良い生活の創造を阻む力』からの影響がある。これらはその後も一貫して作用する。『より良い生活を創造する力』には，個人レベルでは【自発性を促す心】

126

第8章　知的障害者福祉サービス従事者のホスピタリティ意識の形成要素とプロセス調査

表15　抽出された焦点コード

焦点コード	コード名
焦点コード1	『利用者を取り巻く現実』
焦点コード2	『より良い生活を創造する力』
焦点コード3	『より良い生活の創造を阻む力』
焦点コード4	『従事者が個々の利用者に向き合う』
焦点コード5	『どうにもならない現実の体験』
焦点コード6	『どうにもならない現実の後の対処』
焦点コード7	『支援姿勢の選択』

【目の前の人のかけがえなさの理解】【ノルマとマニュアルを超える】【徹底的に一人の人間に向かい合う】，マネジメントレベルでは【配慮した採用】【育てる】【積極的なリーダーの姿勢と組織の使命の明確さ】【前向きな組織の雰囲気】がある。それに対して『より良い生活の創造を阻む力』の下位カテゴリーには個人レベルでは【自発性を阻む力】【協調行動の支障】【利用者理解の欠如】【従事者の不適格性】【感知性の乏しさ】【上司とのコミュニケーションの困難】，マネジメントレベルでは【やむを得ない採用】【育てられない】【劣悪な労働条件】【組織の使命の不鮮明】【前向きでないリーダーの姿勢】【従事者の物理的な対応可能の限界】【停滞した組織の雰囲気】【地域との関係が作れない】，利用者の障害特性レベルでは【医療支援の必要性】【コミュニケーションの困難さと周辺症状】がある。

　その後，従事者が支援をしていく中で『どうにもならない現実を体験する』。それは，【利用者との関係が形成できない】【個人の希望にこたえられない】【グループホームの組織発展ができない】である。

　そこで個々の従事者は『どうにもならない現実の後の対処』を求められる。その後の対処には，（1）あきらめない【次の機会を考える（当初の理想と同等のレベルを目指す）】【対案を提示する（当初の理想とはレベルが下がる）】と（2）自己防衛する【「仕方がない」に慣れてしまう】【達成感がなくなる】に分かれる。

第Ⅲ部　ホスピタリティ意識の特性と形成——他業種との比較分析

『どうにもならない現実の後の対処』の累積の上に，『支援姿勢の選択』をする。自分たちの支援の省察と行動の選択がなされる。選択肢は以下の4つである。

⑴知的障害者の地域生活を推進するという施設の方針に賛同する。

⑵施設の方針に疑問をもちながらも自分のできることを考えていく。

⑶「できなくても仕方がない」と割り切る。

⑷利用者への支援に意義を感じられなくなる。

下位カテゴリーの詳細

　焦点コード1『利用者を取り巻く現実』で着目したいのは，施設の必要性ということだけではなく，施設においてすら職員確保が困難であり，特にそれがグループホームの設置を困難にしているということである。

　また，現在はグループホームなどの地域生活支援が十分に展開しておらず，様々な原因が考えられるが，一つにはグループホームを担う能力のある従事者が給与体系の低さなどにより確保できないことにある。そして，現場では，知的障害という障害特性をきちんと理解して支援を行うことが求められるが，その理解の乏しさと，「知的障害の重度さやその他の障害・特性により」障害の重度さや特性（高齢，疾病，反社会的行動，行動障害）[2]により，地域生活をする可能性が閉ざされてしまう可能性があるということである。

　インタビューでは「障害特性や家族の状況を考えると施設で生活することは仕方がないという選択肢の状況である」（1-1-2）という回答が見られ，あきらめ感が窺われた。麦倉[3]の研究では，施設への入所理由として「同居する家族の負担を取り除くため」「地域サービスが十分ではない」の2点を導き出している。

　また，施設入所に対して，利用者たちがどのように考え，対応したのかについて十分に検討されてこなかったという問題意識から，相馬[4]は，当事者たちが施設入所に至るのには「施設入所に対する戸惑い」「一人暮らしの希望」「一

128

人暮らしのあきらめ」「家族負担の配慮」を経ているという調査結果を示した。これらの調査から，障害者が施設入所する決心をするプロセスにおいて，選択候補として，グループホームは期待されていないことが窺える。北欧[5]などとは異なり，家族主義が前提として議論されていることも無視してはならないだろう。また，「家族との関係を考えれば地域生活は困難」と野村[6]が述べたことと軌を一にしている。

　焦点コード2『より良い生活を創造する力』で，【自発性を促す心】には「利用者と話すことが好きで，積極的に話しかける」，【目の前の人のかけがえなさの理解】には「目の前の人を大切にしたい」，【積極的なリーダーの姿勢と組織の使命の明確さ】には「地域生活は当然のことなので組織として，そのうねりを作っていきたい，その中で職員にもその意味をわかってもらいたい」，【前向きな組織の雰囲気】には「過去にいろいろなことに挑戦しており，新しいことに取り組むことに抵抗のない雰囲気」「これまで組織は知的障害者の支援の実績があり，そのノウハウについても組織として蓄積している」という回答が見られた。

　また，【育てる】には「中堅職員に役割を与えるようにして，意識を向上させるようにしている」「中堅職員が若手職員にものをいってもなかなか聞いてくれないので，トラブルが起きたときなどに適宜注意するようにしている」「自分たちが頑張って利用者の生活が良くなっている姿を後輩たちにも見せて，できるということをわかってもらいたい」「知的障害者の特性を知らないものに支援をさせても，十分な支援はできない。きちんとした教育を受ける必要がある」「組織としてこのような従事者を育てるようにしたいというシステムを作りたい。一人ひとりが勝手に育ったというのではなく，組織としてこのような職員を育てたいというプリンシパルが必要である」「発達障害の特性について外部から講師を招き講習会を実施するようにしている。そうして職員の支援の力量を伸ばしたい」「職員の状況に合わせた研修を実施する。中堅職員の責任を明確化して，責任を委譲するようにしている」という回答が見られた。

　焦点コード3『より良い生活の創造を阻む力』で，【自発性を阻む力】には

第Ⅲ部　ホスピタリティ意識の特性と形成──他業種との比較分析

「言われたことをやっている分には，首にならないと思っている」，【感知性の
乏しさ】には「福祉の勉強をしてきた新人の専任職員が利用者の気持ちを察知
することができない。それに対して，専門的な勉強をしていなくても，利用者
の表情を年配の非常勤職員が的確に見抜く」，【従事者の不適格性】には「職員
の応募者が少ない中で，ようやく採用した職員も人格的に課題がある」，【上司
とのコミュニケーションの困難】には「上司や先輩の注意に耳を傾けない」と
いう回答が見られた。【物理的な対応可能性の範囲】には「利用者は自立して
いる人に来てほしい。そうでなければ限られた職員体制の下で限界がある」
「人手が足りないので本人が望むことを期待されてもあきらめるしかない」「施
設職員の人手不足から，利用者の外出などに制限がかかってしまう」，【前向き
でないリーダーの姿勢】には「施設長が，仕方がないものは仕方がないといっ
てそれ以上のことは考えさせてくれない」（生活支援員）という回答が見られた。

　焦点コード４『従事者が個々の利用者に向き合う』で【現実的限界を強く感
じる】【自分には合っていない】の選択肢に分かれることから，ホスピタリ
ティ意識が維持・向上されたり，低下させられたりしていることがわかる。
【現実的限界を強く感じる】【自分には合っていない】は，ホスピタリティ意識
の低下した状況であると言えよう。特に入職当初に，障害特性レベルの課題に
直面した従事者に，３つの岐路が認められる。第一は，焦点コード３『より良
い生活の創造を阻む力』個人レベルの【自発性を阻む力】【感知性の乏しさ】
【利用者理解の乏しさ】とマネジメントレベルの【育てられない】により【自
分には合っていない】に至る。第二は，焦点コード３『より良い生活の創造を
阻む力』個人レベルの【自発性を阻む力】【利用者理解の乏しさ】とマネジメ
ントレベルの【育てられない】【物理的な対応可能性の限界】により【現実的
限界を強く感じる】に至る。第三は，同じ状況でも，個人レベルの焦点コード
２『より良い生活を創造する力』【自発性を促す心】と，『より良い生活を創造
する力』【育てる】【積極的なリーダーの姿勢と施設の使命】により【一人の人
間に寄り添う】に至る。

　焦点コード５『どうにもならない現実を体験する』には，【利用者との関係

が形成できない】【個人の希望にこたえられない】【グループホームの組織発展ができない】がある。従事者のホスピタリティ意識の変化のプロセスにおいて，ここが重要な岐路となる。

　具体的には，四つの岐路が認められる。第一は焦点コード４『従事者が個々の利用者に向き合う』で【一人の人間に寄り添う】が，焦点コード３『より良い生活の創造を阻む力』【利用者理解の欠如】と【育てられない】により，焦点コード６『どうにもならない現実の後の対処』【達成感がなくなる】に至る。第二は，焦点コード４『従事者が個々の利用者に向き合う』で【自分には合っていない】が【個人の希望にこたえられない】状況で，焦点コード３『より良い生活の創造を阻む力』【自発性を阻む力】と焦点コード２『より良い生活を創造する力』【育てる】が葛藤し，結果的に焦点コード６『どうにもならない現実の後の対処』【「仕方がない」に慣れてしまう】に至る。第三は焦点コード４『従事者が個々の利用者に向き合う』で【一人の人間に寄り添う】が，【個人の希望にこたえられない】状況で，焦点コード３『より良い生活の創造を阻む力』【停滞した雰囲気】と焦点コード２『より良い生活を創造する力』【徹底的に一人の人間と向かい合う】が葛藤し，焦点コード６『どうにもならない現実の後の対処』【対案を提示する】に至る。第四は焦点コード４『従事者が個々の利用者に向き合う』で【一人の人間に寄り添う】が【グループホームの組織発展ができない】状況で，焦点コード２『より良い生活を創造する力』【徹底的に一人の人間と向かい合う】【積極的なリーダーの姿勢と施設の使命】により焦点コード６『どうにもならない現実の後の対処』【次の機会を考える】に至る。

　焦点コード６『どうにもならない現実の後の対処』で，（１）あきらめない【次の機会を考える】【対案を提示する】は，『どうにもならない現実を体験』した後にも，利用者のために新たな挑戦していこうとする姿勢である。

　それに対して，（２）自己防衛する【「仕方がない」に慣れてしまう】【達成感がなくなる】は利用者のためにこれ以上エネルギーを消耗することを限界と感じ，消極的な姿勢をとることにより自己防衛するものである。そして，【次

第Ⅲ部　ホスピタリティ意識の特性と形成——他業種との比較分析

の機会を考える（当初の理想と同等のレベルを目指す）】には「今回，仕方がない
とあきらめたことを十分に反省したい」，【対案を提示する（当初の理想とはレベ
ルが下がる）】には「今目の前の利用者にできなかったことを本当に申し訳なく
思っている」，【「仕方がない」に慣れてしまう】には「最初は仕方がないと迷
うことがあったが，現在では感じなくなってきている」，【達成感がなくなる】
には「この職場で勤務していて何の達成感も感じない。別の可能性を考えたい
と思う」，という回答が見られた。

　焦点コード7『支援姿勢の選択』で，③「できなくても仕方がない」と割り
切る，④利用者への支援に意義を感じられなくなる，は前述したことと同様に，
ホスピタリティ意識の低下した状況であると言えよう。これは上記の焦点コー
ド6の蓄積の結果となる。焦点コード7に関しては，次章で詳細に述べる。

焦点コード4から焦点コード7への移行状況

　生活支援員が，焦点コード4『従事者が個々の利用者に向き合う』から焦点
コード7『支援姿勢の選択』に至る状況を整理したものが表16である。

　表14の移行状況にも見られるように，同一施設の従事者でも入職時に別のホ
スピタリティ意識を抱くことがあり，また入職当初はホスピタリティ意識にあ
ふれていても，やがてそれが減退する事例も認められた。例えば同一職場で，
焦点コード4『従事者が個々の利用者に向き合う』では【一人の人間に寄り添
う】と回答していた従事者が，焦点コード7『支援姿勢の選択』では【利用者
への支援に意義を感じられなくなる】と変化する例も見られた。

　以上の分析を図式化すると，図1の通りになる。これは，表14の焦点コード
の関係性と表14の変化を視覚的に理解しやすくしたものでもある。

　これまで述べてきたことを以下に簡単にまとめておく。表14で7つの焦点
コードを示した。焦点的コードは次の通り，『利用者を取り巻く現実』『より良
い生活を創造する力』『より良い生活の創造を阻む力』『従事者が個々の利用者
に向き合う』『どうにもならない現実の体験』『どうにもならない現実の後の対
処』『支援姿勢の選択』，である。そしてその下位カテゴリーも抽出された。図

132

第8章　知的障害者福祉サービス従事者のホスピタリティ意識の形成要素とプロセス調査

表16　生活支援員の焦点コード4『従事者が個々の利用者に向き合う』から焦点コード7
　　　『支援姿勢の選択』への移行状況

施設名	焦点コード4『従事者が個々の利用者に向き合う』	焦点コード7『支援姿勢の選択』	人　数	変化の理由
1	【一人の人間に寄り添う】(4-1)	知的障害者の地域生活を推進するという施設の方針に賛同する	2	『より良い生活を創造する力』の個人レベルとマネジメントレベルの相乗効果
	【一人の人間に寄り添う】(4-1)	利用者への支援に意義を感じられなくなる	1	マネジメントレベルの【育てられない】と障害特性の【コミュニケーションの困難さと周辺症状】による相乗効果
2	【一人の人間に寄り添う】(4-1)	知的障害者の地域生活を推進するという施設の方針に賛同する	1	『より良い生活を創造する力』の個人レベルとマネジメントレベルの相乗効果
	【自分には合っていない】(4-3)	「できなくても仕方がない」と割り切る	1	【自発性を阻む力】【協調行動の支障】【利用者理解の欠如】が強く，マネジメントレベルで【育てる】試みの効果がみられない
3	【一人の人間に寄り添う】(4-1)	施設の方針に疑問をもちながらも自分のできることを考えていく	1	個人レベルの『より良い生活を創造する力』により，環境レベルの『より良い生活の創造を阻む力』に対して抗っていく
	【現実的な限界を強く感じる】(4-2)	「できなくても仕方がない」と割り切る	1	『より良い生活の創造を阻害する力』の個人レベルとマネジメントレベルの相乗効果

(注)　(　)内は表14の回答番号。

133

第Ⅲ部　ホスピタリティ意識の特性と形成——他業種との比較分析

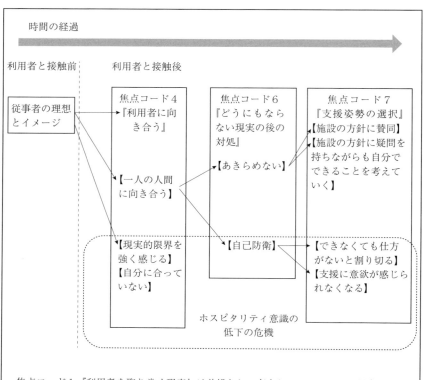

図1　障害者福祉サービス従事者のホスピタリティ意識の形成のプロセス

1は、ホスピタリティ意識が、個人レベル、マネジメントレベル、利用者特性レベルの要因により変化しながら形成されることを示唆している。焦点コード4『利用者に向き合う』焦点コード6『どうにもならない現実の後の対処』焦点コード7『支援姿勢の選択』で現実と向き合いながら、ホスピタリティ意識の形成が分岐していくことが示唆されている。

以上のプロセスがあることを認識したうえで、次章では表14に示された7つ

第8章　知的障害者福祉サービス従事者のホスピタリティ意識の形成要素とプロセス調査

の焦点コードと下位カテゴリーを用いて，利用者の尊厳を認識し，心からの接遇を行うホスピタリティとは正反対の行為（従者が数年の勤務の後に利用者に危害を加えるようになる事件）に至る軌跡を辿ってみたい。

注

1)　佐藤郁哉『質的データ分析法——原理・方法・実践』新曜社，2008年。

2)　松永千恵子『知的障害者がグループホームに住めない理由——知的障害者グループホーム利用者の利用継続を促進／阻害する要因に関する研究』中央法規出版，2015年，2頁。

3)　麦倉泰子「身体障害者療護施設におけるケアの質とジレンマ」『関東学院大学文学部紀要』109，2006年，101-131頁。

4)　相馬大祐「身体障害者療護施設者の施設入所に至るまでの経過」『介護福祉学』18(2)，2011年，103-111頁。

5)　河東田博・中園康夫『知的障害者の生活の質に関する日瑞比較研究』海声社，1999年，1-200頁。

6)　野村聡「障害者領域でのジレンマ」本田勇・木下大生・後藤広史・國分正巳・野村聡・内田宏明編『ソーシャルワーカーのジレンマ——6人の社会福祉士の実践から』筒井書房，2009年，27頁。

第9章
ホスピタリティ意識をめぐる総合的考察

1 障害者福祉サービスにおけるホスピタリティの定義の提案

　本章では，これまでに得られた知見について総合的な考察を試みる。本節では障害者福祉サービスにおけるホスピタリティの定義についての提起について，第2節では障害者福祉サービス従事者のホスピタリティ意識の形成と行動の選択プロセスについて，第3節では障害者福祉サービス従事者のホスピタリティ意識低下を防ぐために，第4節では障害者福祉サービスをホスピタリティの視点から考察する意義について，である。なお，（　）内は表14（第8章）の回答番号である。

　第1章でホスピタリティを下記の通り仮定義をした。

(1)人間の尊厳を認識し，心からの接遇を行う。
(2)自立した人格が自立した人格としての他者をもてなす，という関係構造となる
(3)異質なもの同士の対等でインタラクティブな共働が，新たな価値を生み出す
(4)[内面（精神性）と行為]を包含した「機能」である。
(5)倫理・精神・行為・行動・関係・機能を含む。

　上記に対して，「障害者福祉サービス従事者のホスピタリティ意識の特性比

第Ⅲ部　ホスピタリティ意識の特性と形成——他業種との比較分析

較調査」（第7章）で，ホスピタリティ意識として障害者福祉サービス従事者は他業種同様の必要性を感じているということが示された。また，障害者福祉サービス従事者は利用者を理解し支援することを目的として，関係性を形成するための「相手に合わせた」「親しみやすい」を，表現しようと努める。そして親しみやすさを求め，より身近な存在になろうとする。それは，宿泊業と異なり，障害者福祉サービス従事者が，自分の願いを表現することが不得手な利用者に対して，目の前の一人ひとりの利用者の真の願いを見出し，利用者の生活をよりよくすることを自ら願うことに起因していると考えられる。

　障害者福祉領域にはその利用者や実践の特性を考慮すると前述の定義に加えて，独自の定義文を付加することが必要になると考えられる。上記の定義に加えて，「障害者福祉サービス従事者が，目の前の一人ひとりの利用者の利用者の真の願いを見出し，利用者を「かけがえのない存在」と思い，利用者の生活をよりよくする（自立支援を含み）ことを自ら願い，それに寄与するために全力を尽くすという行動を選択すること」のような要素が付加されるのではないだろうか。

2　ホスピタリティ意識の形成と行動の選択プロセス

ホスピタリティ意識の形成プロセスにおける4つの帰結と総合的・有機的認識の必要性

　本節では，「障害者福祉サービス従事者のホスピタリティ意識形成プロセスにおける4つの帰結と総合的・有機的認識の必要性」と「『仕方がない』と感じさせる圧力」について論じる。

　ここで，以下の議論を理解しやすくするために，第8章で示した図1を再度確認して欲しい。

　ここで二つのことについて述べたい。第一は，障害者福祉サービス従事者のホスピタリティ意識形成プロセスにおける四つの帰結であり，第二はそのプロ

138

セスの総合的・有機的認識の必要性である。

　第一に，「障害者福祉サービス従事者のホスピタリティ意識形成プロセスにおける四つの帰結」に関して述べる。また，従事者の意識の次元ばかりではなく，ノーマライゼーションの原理との関係性にも触れておきたい。

　ニーリェが示したノーマライゼーションの定義や八つの基本的枠組みは極めて有名であるのでここでは詳述しないが，ノーマライゼーションとは，「1日，1週間，1年間，そして生涯にわたって生き生きした生活を成り立たせる。また，知的障害者が自己決定権をもち，結婚，就労，住まいといったことを保障すること」，である。

　ノーマライゼーションの原理では，1日のノーマルなリズム，1週間のノーマルなリズム，1年間のノーマルなリズムと言われているが，入所施設では，日課，週間行事，年間行事などが，固定され決まっているため，この点が満たされているとは言えない。施設従事者の勤務時間や人員の配置の関係上，固定化される。普通の，ノーマルな生活を目標とする点で，問題点の一つである。

　次に，施設利用者の人生はどうであろうか。各発達段階に応じた経験ができているだろうか。施設自体はいまだ，閉鎖的である。地域の人々との交流があると言っても，それもイベントのような形で，日常生活は施設中心である。自由に様々な体験が自らの意思でできているとはいえない。

　したがって，施設中心の生活が発達段階に応じた文化におけるノーマルな性的関係や，その社会におけるノーマルな経済水準とそれを得る権利，その地域におけるノーマルな環境形態と水準を得ることを妨げているのである。

　さて，「知的障害者福祉サービス従事者のホスピタリティ意識の形成要素とプロセス調査」（第8章）で，焦点コード7『支援姿勢の選択』として，障害者福祉サービス従事者の意識形成プロセスにおける四つの帰結が示された。そしてそこに至るには第8章の図1のような軌跡をたどっている。上記のノーマライゼーションの実現と関連させて以下に述べていきたい。

⑴知的障害者の地域生活を推進するという施設の方針に賛同する

第Ⅲ部　ホスピタリティ意識の特性と形成——他業種との比較分析

　焦点コード2『より良い生活を創造する力』の個人レベルとマネジメントレベルの相乗効果による。自発性を持って利用者に接する従事者が，より良い生活を創造しようとする組織の雰囲気に触れ，育てられて，またホスピタリティ意識を高められていくという，好循環を示すものである。

　つまり，知的障害者の地域生活を支援するという組織方針を見て，またその成功事例を見て，自分達にもできるという自信を得て，従事者が賛同して参画していくというものである。上記のノーマライゼーション実現に自発的に寄与しようとするのである。そこでは地域生活を支援していくこと自体に疑問を抱くことはない。むしろ従事者も個人的要因としては，利用者に寄り添いたいという姿勢があり，それが組織の育成システムと合致してホスピタリティ意識も向上していく。利用者もそれにより生活の質も向上し，信頼関係も築かれ，またその成果を見て，従事者や組織もさらなる挑戦をしていくことになる。これはホスピタリティの前述の定義にもある通り，「人間の尊厳を認識し，心からの接遇を行う」「異質なもの同士の対等でインタラクティブな共働が，新たな価値を生み出す」「内面と行為を包摂した機能」になる。

　加えて「障害者福祉サービス従事者が，目の前の一人ひとりの利用者の利用者の真の願いを見出し，利用者をかけがえのない存在と思い，利用者の生活をよりよくする（自立支援を含み）ことを自ら願い，それに寄与するために全力を尽くすという行動を選択する」ことも認められる。

⑵施設の方針に疑問をもちながらも自分のできることを考えていく

　焦点コード2『より良い生活を創造する力』の個人レベルと焦点コード3『より良い生活の創造を阻む力』は，マネジメントレベルが葛藤している状態である。回答の中で「施設の効率性を求める姿勢には疑問がある。そこで，システムを変えることはあきらめているが，利用者の話はしっかりと聞こうとする」(7-3-1)とあった通りである。組織の方向性に修正を加えることはできないものの，自分なりに利用者に寄り添いたいという姿勢を示すものである。

　そして，あきらめないという行動を選択しているのは，前述のホスピタリティの定義である「人間の尊厳を認識し，心からの接遇を行う」「異質なもの

140

第9章 ホスピタリティ意識をめぐる総合的考察

同士の対等でインタラクティブな共働が，新たな価値を生み出す」「障害者福祉サービス従事者が，目の前の一人ひとりの利用者の利用者の真の願いを見出し，利用者をかけがえのない存在と思い，利用者の生活をよりよくする（自立支援を含み）ことを自ら願い，それに寄与するために全力を尽くすという行動を選択すること」を懸命に維持しようとしている一つの形態である。

それが継続していく中で，賛同者を得る場合もあるが，前述した通り利用者・当該従事者の二者関係にとどまる場合もある。現実的に，個人としては少しでもノーマライゼーションの実現を志向したにせよ，組織としてはノーマライゼーションの実現の方向には向かっていない。このような帰結を見て，個人的な取り組みの次元で，満足してはならないだろう[1]。このようなジレンマは，個人的な解決を試みても最終的な解決にはならないからである。システムや社会への挑戦が求められるところである。

ただし，このようなホスピタリティ意識が維持できていること自体は意義があり，次に挑戦される可能性を秘めている。

(3)「できなくても仕方がない」と割り切る

焦点コード3『より良い生活の創造を阻む力』の個人レベルとマネジメントレベルの相乗効果による状態である。発言の中でもあったように「施設での生活は仕方がないと思う。そこで集団生活の不便さがあっても仕方がない」(7-3-1)と割り切る立場である。感情を揺らさずルーティンワークに埋没する形で現状を割り切る。それにより，他の可能性が閉ざされることになる。

しかし，これは前述した通り従事者が自分を守り，サービスを継続するために身につけた方法であり，利用者への支援に完全に意味がなくなったと感じられなくなったわけではない。そこでは前述のホスピタリティの定義である「人間の尊厳を認識し，心からの接遇を行う」「異質なもの同士の対等でインタラクティブな共働が，新たな価値を生み出す」「内面と行為を包摂した機能」「障害者福祉サービス従事者が，目の前の一人ひとりの利用者の利用者の真の願いを見出し，利用者をかけがえのない存在と思い，利用者の生活をよりよくする（自立支援を含み）ことを自ら願い，それに寄与するために全力を尽くすという

141

第Ⅲ部　ホスピタリティ意識の特性と形成——他業種との比較分析

行動を選択すること」という姿勢は放棄することになる。当然組織としても個人としてのノーマライゼーションの実現という姿勢は放棄することになる。

⑷利用者への支援に意義を感じられなくなる

　上記の⑶に対して，利用者への支援に完全に意味がなくなったと感じている姿である。前述のホスピタリティの定義である「人間の尊厳を認識し，心からの接遇を行う」「インタラクティブな関係性を構築する」「障害者福祉サービス従事者が，目の前の一人ひとりの利用者の利用者の真の願いを見出し，利用者をかけがえのない存在と思い，利用者の生活をよりよくする（自立支援を含み）ことを自ら願い，それに寄与するために全力を尽くすという行動を選択すること」に注ぐエネルギーが消耗されてしまっている。前述の燃え尽き症候群の「情緒的消耗」「達成感の低下」「脱人格化」はこれらに向かわせる力を失わせる。

　入職当初は焦点コード４『利用者に向き合う』で【一人の人間に寄り添う】と考えていても，焦点コード３『より良い生活の創造を阻む力』マネジメントレベル【育てられない】と利用者の特性レベルの葛藤により，【利用者への支援に意義を感じられなくなる】に至る事例が認められた。たとえ勤務している施設の方針が「知的障害者への生活支援を積極的に展開しよう」であるにしても，自分はそれにはついていけないと思うタイプである。大きな施設の方針が，その従事者本人には結果的には理解されえなかったということになる。ここでは組織としてはノーマライゼーションの実現に取り組もうとしているのだが，個人としてはそのような方向性に意欲がわかなくなってしまうことになる。次章で触れる津久井やまゆり園事件（県立の指定管理施設である障害者支援施設「津久井やまゆり園」に，刃物を持ったUが侵入し，入所者43名，職員３名が刺されるなどして，19名が死亡，27名が負傷した）の犯人Uも共通した感情を抱いていたと考えられる。

　⑶「できなくても仕方がない」と割り切る，と⑷利用者への支援に意義を感じられなくなる，は生き生きと，目の前の人間を「喜ばせたい」「幸せになってもらいたい」というよりも，人間不在で，客体として精神的に距離の置いた

142

対応をすることになる。従事者が同じ利用者という人間に対して，そこに感情移入するエネルギーを失った行動をしているのみである。この冷徹さは当事者にも当然感じられるものになる。人が人に対してどうしてここまで残酷になれるのかと感じさせられる時もあろう。そして前述したように「人間の尊厳を認識し，心からの接遇を行う」「異質なもの同士の対等でインタラクティブな共働が，新たな価値を生み出す」「内面と行為を包摂した機能」は不可能ということになる。

　上記の4つの帰結に分かれるということは，マズローとドラッカーの議論にも示された通り，組織の適切なマネジメントは当然必要であるが，そこで個別性（それに必ずしもついていけない者がいること）も配慮しなければならないということを意味するのであろう。

　職場環境として，責任や貢献への意識を持たせるためにドラッカー[2]が下記の方法を取り上げている。それが①本人にあったポジションを与えること。「正しい配置」のための真剣かつ継続的，体系的な努力，②仕事について「高い基準」を要求すること，③目標に照らして自らの仕事を評価し，それに対し情報を提供する，④働く者が，環境に働きかけること，などの4点である。この四つの環境条件が整えば責任やミッションの意識が形成されるといったドラッカーの主張に対し，マズロー[3]は「成熟度の高い健康な人間にしか当てはまらない」と批判している。組織の適切なマネジメントと個別性の配慮の必要性に対する2人の議論は証左と言えよう。

　第二の「プロセスの総合的・有機的認識の必要性」に関して述べたい。上述したようにホスピタリティ意識の形成は，従事者がノーマライゼーションの実現にどのように参画するかにも関わっている。

　上記の四つの帰結は時間や経験の継時的経過の上になされたものである。知的障害者福祉サービスに関わる従事者の意識形成は，個人の性格・力量・信条のみではなく，組織などの環境要因から影響されるところも大きく，その点も踏まえた検討をしていくべきではないのかというのが筆者の問題意識である。

　本書ではホスピタリティ意識に関して，二つの側面が示された。一つは本人

第Ⅲ部　ホスピタリティ意識の特性と形成——他業種との比較分析

の内的なホスピタリティ意識が組織との相乗効果により，利用者のより良い生活を創造する力に向けた内発的エネルギーとなり，利用者の生活の質の改善につながり，また新たな実践につながるというものである。

　もう一つは，個人レベル，マネジメントレベル，利用者の障害特性レベルの要因により，ホスピタリティ意識が低下していくというプロセスである。ここでは業務として指示されたことのみを内的な喜びもなく，日々こなしていくというものである。また，ホスピタリティ意識の低下・喪失が津久井やまゆり園事件などの陰惨な事件につながり得ることが示された。

　加えて，第8章の表14に示した通り，7つの焦点コードが導き出された。そしてその下位カテゴリーも抽出された。これは，ホスピタリティ意識が，個人レベル，マネジメントレベル，利用者の障害特性レベルの要因により変化しながら形成されることを示唆している。焦点コード4『利用者に向き合う』，焦点コード6『どうにもならない現実の後の対処』，焦点コード7『支援姿勢の選択』で現実と向き合いながら，ホスピタリティ意識の形成が分岐していくことが示唆されている。『従事者が個々の利用者に向き合う』『どうにもならない現実の後の対処』『支援姿勢の選択』に至るまでのプロセスは，従事者ごとに異なるプロセスを辿ることがある。

　ホスピタリティ意識向上に関する著作では，職場の指導教育に重点が置かれ，個々の従事者のパーソナリティに関する言及が少ない[4]。これは前述したようにホスピタリティ産業がホスピタリティをマネジメントとの関係性の中で主として論じていることによると考えられる。しかし，『より良い生活を創造する力』『より良い生活の創造を阻む力』（個人レベル，マネジメントレベル，利用者の障害特性レベル）から改めて以下の議論の必要性がうかがわれる。

　福祉現場で，マネジャーが自分の役割をどのように認識しているのかも大きく影響する。個人の資質のみならず，組織の理念やその伝達，社会的資源，育成方法など，総合的な視点から検証する必要がある。これは組織がマネジメントレベルで，ノーマライゼーションの実現にどのように参画していこうとするかが問われている。しかし同時に個々の従事者の資質・能力・動機もホスピタ

リティ意識形成に重要な役割を担っている。従事者の人間観は極めて重要で現状を割り切る（あきらめる）ことを留まる要因ともなる[5]。従事者自身の専門性，キャリア，社会性，思い入れも決して見逃せないのである。特に個人や組織の成功体験は，事態に対処する楽観性を高めることになる。これは個人レベルで，ノーマライゼーションの実現にどのように参画していこうとするかが問われている。

改めて，ホスピタリティ意識を現実的に論じるには，個人とマネジメントと利用者を総合的に見渡した育成プロセスとして，議論をしていくことが求められるということになる。それにより，時として支援に悩む従事者に丁寧に寄り添うことができるようになるのである。これは津久井やまゆり園事件などの事例にも共通して言えるであろう。

「仕方がない」と感じさせる圧力

中村[6]は「社会福祉はすべての人の声に，等しく（公平に）かつ積極的に応える」ことであり，「そのような社会は決して実現しない」かもしれないが，それでも希求していくことこそが社会福祉の使命であり，「仕方がないは不正義である」としている。仕方がないと感じさせることに関する言及を表17に整理した。

表14（第8章）からもわかるように，仕方がないと感じることは，二つの調査でも随所に認められた。倫理のジレンマとして限られた資源のもとで「仕方がない」と感じさせられるときがある。誠実に利用者のために支援しようとしても現実的に対応ができなくなるのである[13]。障害者施設のベテラン従事者が，「地域と施設とどちらがよいと思いますか」，という本調査の質問に対して，「家族には限界がありますから」（1-1-4）と回答していた。ベテラン従事者だからこそ，障害者のケア施設は家族がするという呪縛にとらわれ，「施設で仕方がない」と答えているようである[14]。

また，同じく障害者施設のベテラン従事者が，「国は施設でなくて，地域というけれど，無理に決まっている」（1-1-5）と回答していた。そして「自立し

145

第Ⅲ部　ホスピタリティ意識の特性と形成——他業種との比較分析

表17　「仕方がない」と考えることの習慣化への言及

組織的志向より	現在の職場の支援の責任は自分にあると認識したときに，その向上の責任も自分にあると判断する（または判断しない）過程がある。しかし，制度からの要請や，組織的志向・官僚的志向により他の選択肢を検討しようとしない状況があれば，「仕方がない」という責任回避の態度は継続していくであろう[7]。
変えようのない状況において	限界的な状況で，感情を揺らさず，ルーティンワークに埋没する形で現状を割り切る対処である。こうして他の可能性が閉ざされることになる。限界のある状況を感じつつも割り切って対応していくことを身に付けている。しかし同時にこの方法は従事者自身が与えられた環境で蓄積した経験から選択している方法である[8]。
試行錯誤の結果	悩みや葛藤の体験，試行錯誤の過程で，「慣れていくことによる弊害」「自分の無力感に直面する体験」「突破口を見出して新しい知に至る」がありうる。その上で，孫は日常業務の慣れとともに「仕方がない」と考えるようになる恐れを指摘している。仕事に慣れることは積極的な意味も多くあるが，例えばいろいろなことに「仕方がない」とするようになったり，実践に対する好奇心や疑問を持つことが少なくなるという恐れも生じる。また実践の振り返りから状況を新しく見直す機会もなくなってくる[9]。利用者の様々なニーズは援助者が見ようとしなければ見えないものであり，利用者の様々な訴えは援助者がきこうとしなければきこえないものである。また日常の振り返りから状況を新しく見直す機会もなくなる。実践経験が長くなればその傾向が強くなる[10]。
業務量とケース担当数	業務量や担当する利用者が多い場合，援助を行う時間そのものが足りなくなってくる。その結果として，支援のプロセスを大切にした丁寧な関わりや，家族の迷いや葛藤に寄り添う支援が難しくなってくる。そうなるとマニュアル化された画一的な対処をし，こなすだけの仕事になってしまいがちである[11]。
ゆらぎの否認ないし回避	価値の解釈や判断において従事者がジレンマを経験することについて，そのゆらぎを否認する方向に進むとき，もっとも簡単にゆらぎを否認する方法は，「決めつけ」を行うことである。たとえば「このクライエントはどうせわがままでこう言っている」とか「このクライエントはいつも人を試すので話は聞き流していればよい」などと決めつける方法である。援助者はその場しのぎの言葉，「今忙しいから後にしてほしい」などに頼る。結局，かかわりを破たんする方向に働く[12]。

ている利用者に来てほしい，そうでなければ限られた職員体制の下で限界がある」（3-14-1）という回答があったが，そこには何のためらいもみられなかった。「仕方がない」ということに慣れ，特に痛みも感じずマヒしていくようである。現実的なグループホーム開設の難しさや，支援の負担の大きさを熟知している

第9章　ホスピタリティ意識をめぐる総合的考察

ためである。しかし，これは従事者が与えられた環境で自分たちの業務を継続するための自己防衛でもある。そして，この状況を受容する防衛機制により，「先輩や上司が熱い仕事をしているのを見るとうっとうしく感じる」(7-3-5)と言わせるようになってしまう。またそれが集団としての文化を形成してしまうと，下記の光景（資料4「障害者福祉サービス従事者のホスピタリティ意識形成に関するインタビュー調査」インタビューイ4人の事例）を生み出すようになる。

　システムを変えることはあきらめているが，利用者の話はしっかりと聞こうとすることを心がけるようにしている。どこかで限られた時間を捻出しようと努めている。「職員が頑張ったら，それを評価するような雰囲気を作ってほしい」(3-15-2)と感じている。しかし，それに対して同僚たちは「非効率的」「スタンドプレー」と陰口を言っている。

　この光景のように，ホスピタリティ意識がある従事者を孤立させ，意欲的な試みを妨害する強い力となってしまうのである。

　次に燃え尽き症候群に目を移したい。「どうにもならない現実」が累積し，前述のカレッジたちの提示した燃え尽き症候群のストレス構造の条件が重なると，ストレスが蓄積し，結果として個人のストレス耐性を超え，支援の意義が感じられなくなり，燃え尽き症候群としての症状を呈し，離職に至る可能性もある。これは理想を持って入職した従事者が，柔軟に発想を変えることができず，外部からの支援が得られない状況である。津久井やまゆり園事件は，ある意味でこの一形態と言えないだろうか。犯人のUの場合は，支援の発想を変えられず，その意味が見いだせず，精神的に追い詰められていったことに一因があると考えられる。

　ヒューマンサービス労働の特性の一つとして，「無定量・無制限」であり，投入した労働とその成果の関係が明確に把握されにくい[15]ことが挙げられる。この特性から，ヒューマンサービス労働において燃え尽き症候群を生み出しやすいといえる。前述した選択肢にも，「達成感がなくなる」(6-4)という回答

147

第Ⅲ部　ホスピタリティ意識の特性と形成——他業種との比較分析

がみられた。理由は，「この職場で勤務していて何の達成感も感じない。別の可能性を考えたいと思う」(6-4-1)「利用者とのコミュニケーションが取れないし，その支援も得られない状況の中で，ここで継続していく気力が失われる」(6-4-2) というものである。確かに，従事者が自分のスキルの乏しさから支援方法もわからずに，自分の居場所がないと感じ孤立感を強めていけば，「働き続けること」への躊躇も生まれるであろう[16]。

　「燃え尽き症候群」と「仕方がない」の習慣化は，精神的なストレスへの無意識的反応（利用者の生活をより良くするために，現実に取り組むことのエネルギーの消耗を回避する）とも言えるところが共通する。しかし，その根本的な違いは「仕方がないに慣れるということ」に燃え尽き症候群が発想を転換できない，開き直れないところにある。

3　ホスピタリティ意識の低下を防ぐために

より良い生活の創造を阻む力

　上述したようにホスピタリティ意識は，ノーマライゼーションの実現に参画することに関わる。そしてホスピタリティ意識は真空状態で形成されるものではない。本節では筆者はこれまで得られた知見から，ホスピタリティ意識低下の危機への予防と防止の対応として以下の6点から述べてみたい。

　第8章第二調査（「知的障害者福祉サービス従事者のホスピタリティ意識の形成要素とプロセス調査」）で前述したように，表14の焦点コード4『従事者が個々の利用者に向き合う』と焦点コード5『どうにもならない現実の体験』，焦点コード7『支援姿勢の選択』の局面で焦点コード3『よりよい生活の創造を阻む力』（個人レベル，マネジメントレベル，障害特性レベル）が作用して，「ホスピタリティ意識の低下」に至らしめていた。ホスピタリティ意識低下のリスクには，個人レベル，マネジメントレベル，利用者の障害特性レベルの課題，が考えられる。一般的に燃え尽き症候群の対処としては，個人の認識の変化，社会的サポートネットワーク構築，提案できるシステムづくり，業務負担の調整が

148

挙げられる。それに対して筆者は，ホスピタリティ意識低下の予防と抑止に，「個々の従事者のストレングスの維持・強化」を軸としつつも，マネジメントからのサポート（「利用者中心のマネジメントの展開」「理念の浸透」「人材の育成」「省察とゆらぎを支える」「物理的限界への挑戦」）が有機的に統合される必要があると考えた。以下，それぞれについて詳細に述べたい。

個々の従事者のストレングス（つよさ）の維持・強化

　障害者福祉サービス従事者のホスピタリティ意識低下をするのに中軸となるのは，「個々の従事者のストレングス」の維持・強化であろう。これは個々の従事者が内的に持つストレングスである。そして支援における内発的な原動力である。すなわち，【目の前の人のかけがえのなさの理解】（2-2）し，【ノルマとマニュアルを超え】（2-3），【自発的】（2-1）に，【徹底的に一人の人間と向き合う】（2-4）ために【行動を選択】していく過程である。【　】内は焦点コード2『利用者のより良い生活を創造する力』の個人レベルの下位カテゴリーとして抽出されたものである。

　筆者は先に障害者福祉領域におけるホスピタリティ意識の定義として，「障害者福祉サービス従事者が，目の前の一人ひとりの利用者の利用者の真の願いを見出し，利用者をかけがえのない存在と思い，利用者の生活をよりよくすることを自ら願い，それに寄与するために全力を尽くすという行動を選択すること」を付記すべきなのではないかと提起した。これは糸賀一雄[17]をはじめとする先人たちの実践と思想と軌を一にするものであり，「個々の従事者のストレングス」を土台として実現されるものであろう。

　サービスの提供の場で必要なのは利用者の一般的特徴を理解することではない。利用者を「治らない障害を抱えた人」「差別に苦しむ人」のように一般的な特徴で分け，客観的に観察できる対象として客体化することではないだろう。個人の唯一性とかけがえのなさが理解され，支援の場では利用者は「かけがえのない存在」という姿で従事者の前に現れることであろう。それにより，利用者は従事者のホスピタリティ意識を揺さぶり，何をおいても応えてあげなけれ

第Ⅲ部　ホスピタリティ意識の特性と形成——他業種との比較分析

ばならないという使命感を支援者に目覚めさせる人という意味で「かけがえの
ない存在」となる。職務規律といった外的要素の問題でもなければ，倫理綱領
の順守といった倫理当為の問題ではなく，そうであると確信している，他でも
ない自分自身の根本的な認識の問題である。

　このホスピタリティ意識に裏打ちされたサービスは，利用者にもその真摯さ
と誠実さが伝わるであろう。それがまた利用者との好循環を起こす契機となる
だろう。このような意欲の原動力がなければ，利用者に向き合い，よりよい生
活の創造をするためのサービスを提供したいと考えて，行動を選択することは
できないであろう。ノルマとマニュアルに従い，前進のないサービスを提供し
続けることになるであろう。そのためにも，個々の従事者のストレングスの維
持・強化が求められるところであろう。ただし，このストレングスの維持は個
人の精神的な問題としてのみ考えるのではなく，マネジメントからの支えが必
要となる。

利用者中心のマネジメントの展開

　「知的障害者福祉サービス従事者のホスピタリティ意識の形成要素とプロセ
ス調査」（第8章）でも，前線の社会福祉サービス従事者を雇用・定着・育成す
るマネジメントが実現されなければならないことが示唆されている。つまり，
採用—研修—配置—異動—昇進—退職・解雇という一貫したマネジメントの流
れ[18]から，考えていく必要があると考えられる。

　同調査でも採用において，「施設の理念に共有できる人を採用する」（2-6-1）
「採用面接でしっかりと人物を見極めるようにしている」（2-6-2）という回答
がされており，採用場面での入念さが重要であることが示唆されている。また
クールシェッド[19]は，問題のある従事者（違法行為や望ましくない行為）に対し
て，適切で敏速なで対応（解雇を含む）をすることが求められるし，それによ
り他の多くの従事者も安心して働くことができることを述べている。

　ここでマネジメントに関して有意義な示唆を与えてくれる，ドラッカーのマ
ネジメント論について触れたい。彼によれば，組織を社会に貢献させるために，

150

第9章　ホスピタリティ意識をめぐる総合的考察

マネジメントが基本とすべき三つの役割がある[20]。

　第一に自らの組織に特有の使命を果たすことである。第二に仕事を通じて働く人を生かすことである。現代社会においては，組織が，生計の源，社会的な地位，コミュニティとの絆，自己実現を手にする手段である。第三に自らの組織が社会に与える影響を処理するとともに，社会の問題の解決に貢献することである。

　次に，ドラッカー[21]はマネジメントの理論を以下の通り挙げている（下線は筆者による）。

(1)人が共同して成果を上げることを可能として，人の強みを発揮させ，弱みを無意味なものにする。

(2)人と人との関係に関わるものであり，それぞれの文化に深い関わりをもつ。

(3)組織が，成員に対して仕事について共通の価値と目標をもつことを要求する。

(4)組織と成員を成長させなければならない。

(5)意志の疎通と個人の責任が確立していなければならない。

(6)非営利団体も具体的な目的に応じた成果の評価基準をもたなければならない。

(7)成果は顧客の満足である

　すなわち，マネジメントとは，しっかりと目標（顧客の満足）を設定し，協働し，従事者を育成し，効果（利用者にどこまで役に立ったのか）を謙虚に評価するものだというのである。

　同本調査では，サービス従事者のホスピタリティ意識を醸成する上で【配慮した採用】(2-6)，【育てる】(2-7)，【積極的なリーダーの姿勢と施設の使命】(2-8)，【前向きな組織の雰囲気】(2-9)が促進要因として挙げられた（第8章表14）。これはまさに上記のドラッカーの理論と共通している。筆者がドラッカーを引用しているのはマネジメントが組織の成長ばかりでなく，「仕事を通

じて働く人を生かす」ということを主張しているためである。

特にマネジメントを行う積極的リーダーには重要な役割がある。調査でも，「組織の方向性として障害者の地域生活を当然のように考えており，職員に特に疑問も抱かせない。組織として同じ理念をもつ人を増やしていこうとしている」(2-8-3)，「自分は今まで障害者への支援で様々な困難にぶち当たってきたが，これまで克服することができた。これからも同様の困難があっても大丈夫だと思う」(2-8-4) と「施設長が，仕方がないものは仕方がないといってそれ以上のことは考えさせてくれない」(3-13-2)，「管理職は，対外的な調整が生じるような面倒なことはしたがらない」(3-13-3) という両極が見られた。リーダーには組織の変革を管理して，従事者を変革に深く関与させる役割を担う[22]。そこでは支援を展開していくうえで，リーダーシップはそのホスピタリティ意識の維持・継続に重要な意味を持つ。利用者のために新しいことに取り組もうとする気持ちに背中を押す上司と，それを妨げる上司では，意欲の発展に大きな差異が生じる。

人材の育成

同調査から人材育成について，五つの側面が挙げられる。第一に技術的な側面，第二に役割意識の側面，第三にコミュニケーションの側面，第四に求める職員像の設定，第五に自分たちにできるという確信の側面である。

(1)技術的な側面について

第7章で示した調査で，障害者福祉サービス従事者が，看護師に比べて専門性が必要であるとする認識が低いことが示された。しかし，勤続年数・雇用形態により，専門性の必要性の認識が異なることが認められた。利用者の障害特性に配慮した支援をするためには専門的な知識と技術は必要であり，それの欠如から従事者が利用者のより良い生活の創造に向けて支障が生じる可能性もある。「知的障害者の特性を知らないものに支援をさせても，十分な支援はできない。きちんとした教育を受ける必要がある」(2-7-5)，「自閉症についてよく

わかっていない。特に支援の方法論について最低限の勉強ができていない」（3-6-1），「障害特性に合った関わり方がわかっていないので行き詰まっている」（3-6-2）という回答も見られ，その証左となろう。

(2)役割意識の側面について

調査でも「中堅職員に役割を与えるようにして，意識を向上させるようにしている」（2-7-2）という回答があった。それぞれの従事者の力量に合わせて，役割を与え，自分が期待されていることを伝えるというものである。そしてマニュアル的に業務をこなすのではなく創意工夫を凝らすことができるような職場環境を提供するというものである。むろんこれが過剰な期待であれば，逆に燃え尽き症候群に陥りかねない。

(3)コミュニケーションの側面について

同調査でも，管理者のコメントに耳を傾けない従事者に「中堅職員が若手職員にものをいってもなかなか聞いてくれないので，トラブルが起きたときなどに適宜注意するようにしている」（2-7-3）という粘り強いコミュニケーション努力も伺われた。他方で「職員が頑張ったら，それを評価するような雰囲気を作ってほしい（現在はない）」（3-15-2）という回答も見られた。それは，日々の努力をしっかりとみているという意思表示を周囲がすることが求められている。

高圧的なコミュニケーションではなく，個々の従事者の心に届く適切なタイミングを見計らった，適切なかかわり方が求められるところであろう。これを放任すれば逆に「ケアの方向が見えない中で，エネルギーが低下することへのバックアップがない」（3-10-2）という回答があった状況に至るであろう。

(4)求める従事者像の設定について

従事者が利用者に対して抱いてきた一方的な援助観を一変させるような内的変化が訪れることは，先行研究で示されてきた[23]。しかし，これは個人が自動的に変化するものではない。調査の回答の中でも両極の「職員が勝手に育つのを待つのではなく，このような職員を育てたいというビジョンが必要だと思う。今のままでは本当に場当たり的で，個々の職員が育ってくれてよかったねという，他人任せの状態である」（3-10-4），「組織の方向性として障害者の地域生

活を当然のように考えており，職員に特に疑問も抱かせない。組織として同じ理念をもつ人を増やしていこうとしている」(2-8-3) という回答があった。人材の育成は，組織にのみ期待することも問題があるだろうが，個人にのみ期待することには限界があるだろう[24]。

(5)自分たちにできるという確信

同調査でも，「自分たちが頑張って利用者の生活が良くなっている姿を後輩たちにも見せて，できるということをわかってもらいたい」(2-7-4) という回答があった。実現できるという信念を伝え，従事者の心に現実感を与えようという姿が見られた。利用者の特性があっても，「仕方がない」から対応できないとせず，より良い生活の創造に向けたサービスは，組織の理念や成功体験に大きく影響され，培われていく。自分たちにはできるのだという成功のイメージを持つようにすることが必要となろう。

理念の浸透

ここでは「組織理念の従事者への浸透」について述べていきたい。田中は，ミッションマネジメントを「経営理念を組織の隅々に浸透させ，それを従業員のやる気と組織の発展につなげる，経営理念を体現化する経営」[25]と定義づけ，ドラッカーが具体的な次元では十分な議論をしていないと述べている[26]。

ミッションマネジメントは，組織の理念に沿って働くことで，個人がミッションに気づき，それを個人の働きがいや成長，組織の競争力につなげることである。そのためには，組織運営を行う場合に，展望＝目的を明確に定め，目的を達成するために果たすべき組織の役割＝使命と，それを果たすための価値観・行動規範＝価値を明確にして，組織運営を行うことが求められる。しかし筆者は，田中の批判に対して，実はドラッカーは具体的な対処方法を示唆していると考えている。それは自己目標管理である。ドラッカーは「今日必要とされているものは，一人ひとりの人の強みと責任を最大限に発揮させ，彼らのビジョンと行動に共通の方向性を与え，チームワークを発揮させるためのマネジメントの原理，すなわち一人ひとりの目標と全体の利益を調和させるためのマ

第❾章　ホスピタリティ意識をめぐる総合的考察

ネジメントの原理である」[27]と述べている。従事者と管理者のコミュニケーションは極めて難しいが，重要であることはいうまでもない[28]。

しかし，現実的には田中自身[29]も，現実の企業の経営場面でも経営理念は末端まで浸透していないことを指摘している。ましてや，遠藤[30]は福祉サービスの原点が本来「顧客の満足」であるにも拘らず，現場では必ずしもそれが遵守されていないことを指摘している。

同調査でも「地域生活は当然のことなので，組織としてそのうねりを作っていきたい，その中で職員にもその意味をわかってもらいたい」(2-8-2)，「過去にいろいろなことに挑戦しており，新しいことに取り組むことに抵抗のない雰囲気」(2-9-1) と「一つひとつの利用者への支援について問題意識もあったが，それを取り上げていてはきりがないと，割り切らなければならないような雰囲気がある」(3-15-1) の両極が認められた。

理念浸透は難しいことではあろうが，職員集団の意識は個々の従事者がホスピタリティ意識を維持・継続するのには不可欠であり，それを促していくマネジメントの存在も不可欠となる。

省察とゆらぎを支える

調査結果から，従事者がホスピタリティ意識を形成するのに，個別的対応が重要性であることがうかがわれた。というのは，最終的に個々の従事者が自分で自分の方向性を決めていくためには，組織としての一律的な指導，教育，支援のみでは不十分なのである。これは津久井やまゆり園等でも研修が行われていたにも拘らず，事件が発生したことが証左となろう。従事者は自己の価値観・知的障害者観・援助観を吟味するとともに，一つひとつの場面における本人と自分との関係性を見つめ，自らの支援のあり方を省察することが求められる[31]。

省察とは利用者・家族・施設・関係機関・地域・社会・時代の流れの中で自らのあり方を振り返ることである[32]。その際に価値の解釈や判断において従事者がジレンマを経験することについて，肯定的側面も含まれているとして，尾

155

第Ⅲ部　ホスピタリティ意識の特性と形成——他業種との比較分析

崎は「ゆらぎ」という概念を示している[33]。尾崎は「社会福祉実践はこれらの
ゆらぎに直面し，ゆらぎを抱え，ゆらぎという体験から何かを学ぶことによっ
てその専門性を高めることができる」と述べている。あまりに大きな問題を突
き付けられると，ゆらぎが生じることもあるだろう。自分の力量ではどう対処
したらよいのかわからなくなってしまうのである。ゆらぎながらも利用者のよ
り良い生活のために献身しようとしていくところにホスピタリティ意識の成長
が存在するのではないだろうか

　前述したように，焦点コード5『どうにもならない現実の体験』をしても，
それで終わるとは限らない。【次の機会を考える】(6-1) として「今回の仕方
がないとあきらめたことを十分に反省したい」(6-1-1)，【対案を提示する】
(6-2) として「今回本来のリクエストに対応できなかったことをとても申し訳
なく感じている」(6-2-1)，「今目の前のできなかったことを本当に申し訳なく
思っている」(6-2-2) という回答も見られた。それは今後の支援を推進してい
く上での契機になる可能性[34]もある。これは，一度仕方がないと考えた後の建
設的な対処を導く動因となりうるだろう。逆に「仕方がない」と思わざるを得
ない状況にぶつかっても利用者の生活をより良くしたいという思いを失わずに，
挑戦し続けようとする姿勢，もしくはそのような姿勢を失わせないような支援
が必要なのではないだろうか。

　以上が意味することは何か。それは，利用者の支援に悩む従事者を支持する
とともに，従事者自身が抱える内面的な苦悩に対しても目を向け，個別に支え
ていかなければならないということであろう。むろん，直接的かつ積極的な介
入を通して悩みを解消することも必要であろうが，同時に従事者が大いに悩む
ことができる環境を整えることも求められる（同僚や外部の従事者と本音で話す
機会を提供するなど）。本人が内面に潜ませている様々な思いを本人の言葉で発
し，自分のそして従事者が自分の中でしっかりとホスピタリティ意識を自分な
りに少しでも抱き続けるような支援が必要であると考えられる。個別的に支持
的な関りをすることは，ホスピタリティ意識低下のリスクのある従事者に喫緊
の対策であると考えられる。

第❾章　ホスピタリティ意識をめぐる総合的考察

物理的限界への挑戦

　ホスピタリティ意識の形成を精神論のみで論じるのではなく，物理的限界への挑戦という視点も持たなければ現実的に打開することは困難であろう。「職員が（職務）継続できない給与体系である」（3-11-1），「リクエストはあっても建物を改修するわけにはいかないので活動も限られる」（3-14-2），「人手が足りないので本人が望むことを期待されてもあきらめるしかない」（3-14-3），「職員不足から，個々の利用者の外出などの要望に制限がかかってしまう」（5-1-1）という回答を，「仕方がないこと」もしくは，「個人の意欲の低さ」としてとらえるのではなく，現実的な問題として挑戦していく必要があろう。そして社会やコミュニティーに働きかけなければ，個人の良心の問題としてのみ扱われ，何ら問題解決には結びつかないであろう[35]。

　繰り返しになるが，ホスピタリティ意識低下の予防と抑止には，「個々の従事者のストレングス」を中軸としつつも，マネジメントからのサポート（「利用者中心のマネジメントの展開」「理念の浸透」「人材の育成」「省察とゆらぎを支える」「物理的限界への挑戦」）が有機的に統合されることが必要となる。これらの適切な調整により，実現可能になるものと考えられる。これは従事者本人が前向きに利用者と接することを直接・間接的に支援するシステムを作るということである。

　障害者福祉サービスは，実質的に従事者のホスピタリティ意識により，その維持・向上が促進されたり，阻害されたりする。グループホームを維持することは極めて多くの労力を要し，さらにそれを増設するとなれば，組織にとっても，従事者にとっても多くの負担が加わることは紛れもない事実である。従事者がサービスを提供する際に，時にはノルマのように要請されたことにのみ応えようとする姿勢もある。「知的障害者福祉サービス従事者のホスピタリティ意識の形成要素とプロセス調査」（第8章）の回答で見られた「利用者の生活を向上させることは重要であろうが，それにより自分たちの仕事が増えてしまうことになり，限界がある」（4-2-1）がその例である。

　それに対して，ホスピタリティ意識は，従事者がサービスを提供するにあた

157

第Ⅲ部　ホスピタリティ意識の特性と形成——他業種との比較分析

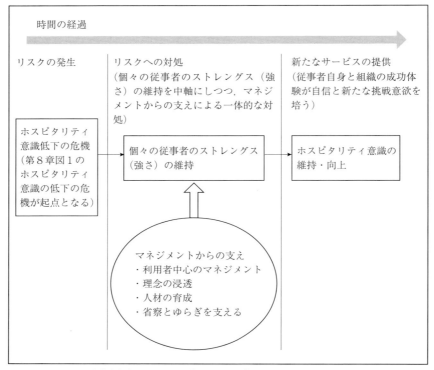

図2　障害者福祉サービス従事者のホスピタリティ意識低下を防ぐ構造

り，より良い生活を創造しようとする重要な原動力である。まず利用者本人と向き合い，「喜ばせたい」「幸せになってもらいたい」と純粋な願うものである。そして，サービスに関するノルマや基準に従うのみではなく，さらに利用者に対して何ができるのかを真摯に求めていくことになる。しかしそれは個人の精神論のみで維持できるものではないことは，これまで述べてきたとおりである。前述した通り，燃え尽き症候群は理想が高く，ホスピタリティ意識の高い人間がその症状を呈することが多く，環境的サポートが不可欠となる。だからこそ従事者本人を直接・間接的に支援するシステムを作ることが求められるのである。

　以上述べてきたことを図式化すると，図2の通りになる。これは，「個々の

従事者のストレングス」を軸としつつも、「利用者中心のマネジメントの展開」「理念の浸透」「人材の育成」「省察とゆらぎを支える」「物理的限界への挑戦」の関係性を視覚的に理解しやすくしたものでもある。ホスピタリティ意識低下の危機は、第8章の図1のホスピタリティ意識の低下の危機のゾーンを示している。

　繰り返しになるが最後に述べておきたい。対人援助職として携わる者が悩むことは決して悪いことではない。逆に悩まずにそのままマニュアル通りの支援をしようとすることの方が問題であろう。悩むことによりかかわりの柔軟性や幅の広さにつながるという大切な意味がある。重要なのはその悩みを個人で抱え込み、組織が従事者の抱える悩みを放置してはならないということである。従事者が自らの悩み向き合い、利用者への支援を積極的に考えていくためには職場内でのチームワークや支持機能を兼ね備えたスーパービジョンの機能は欠かせない。従事者が安心して悩み、考え、視野を広げ、援助のヒントをつかみ、明日への活力を蓄えることを支える職場環境が整ってこそ、従事者は利用者を中心とした支援に臨んでいけるのだと考えられる。

4　障害者福祉サービスをホスピタリティの視点から考察する意義

　前述したように社会福祉基礎構造改革について（中間まとめ）では、改革の理念の一つとして、質と効率性の向上（サービスの内容や費用負担について、政府による規制を強化するのではなく、社会福祉従事者の専門性の向上や、サービスに関する情報の公開などを進めるとともに、利用者の選択を通じた適正な競争を促進するなど、市場原理を活用することにより、サービスの質と効率性の向上を促す）を挙げている。

　このような大きなパラダイムチェンジの中で、利用者たち（家族含む）の知識や権利意識が高まり、要望も高度化・多様化していく中で、従来の定型的サービスでは、利用者に満足されなくなることが想像される。そのようなときに、ホスピタリティはそれに応えられるようなサービスを築く原動力となるの

ではないか。これからは施設が業務として規定したサービスをマニュアル通り
にこなしていればよいというわけにはいかなくなると考えられる。サービスに
どのような精神性が含まれるかを問うものであり，また付加価値となるもので
ある。

　利用者のニーズの多様化・高度化に対応するために，営利団体がすでに議論
しているホスピタリティの概念を参考にすることは意義があると考えられる。
確かに，社会福祉領域ではすでにソーシャルワーカーの倫理綱領やノーマライ
ゼーションという理念もあるが，今後は社会福祉サービスのパラダイムチェン
ジのなかで，個々の従事者が利用者に向き合う姿勢を検証するためにホスピタ
リティの視点を検討に加えることは有益となろう。

　しかし，繰り返しになるがホスピタリティは，これまで述べてきた通り，こ
れは個人の力量・パーソナリティではなく，経営とマネジメントの視点から捉
えなおす必要があると考えられる。そのようなマネジメントの議論は既に営利
企業が蓄積しており，参考となるものがあろう。

　加えて，同調査から示唆されたホスピタリティ意識の低下・喪失についても
述べておきたい。本書で調査上示されたホスピタリティ意識の低下・喪失は，
従来の社会福祉サービス研究で十分に議論されてこなかった。これはノーマラ
イゼーションの実現を阻むという次元にとどまらない。津久井やまゆり園事件
などを鑑みたときに，社会福祉領域でもホスピタリティ意識の視点から検討し，
従事者の意識を再点検する契機となると考えられる。このような異常と思わざ
るをえない事件もホスピタリティ意識の低下・喪失のプロセスから生じたと考
えられるためである。社会福祉人材確保困難の時代にあっては重大かつ喫緊の
課題となると考えられる。これらの事件はホスピタリティ意識の低下について
も目を向けていく必要性を示唆するものと考えられる。

注
　1)　相馬伸男「社会福祉事業の運営における倫理——現場から発信できること」『社
　　　会福祉研究』127，2016年，55-63頁。

2) ドラッカー，ピーター／上田惇生（訳）『明日を支配する者』ダイヤモンド社，1999年，19頁。

3) マズロー，アブラハム／原年広（訳）『自己実現の経営——経営の心理的側面』産業能率短期大学出版部，1967年，34頁。

4) 吉原敬典『ホスピタリティーマネジメント』白桃書房，2011年，107頁。

5) 北島洋美・杉澤秀博「認知症末期にある特別養護老人ホーム入居者に対する介護スタッフのケアプロセス」『社会福祉学』51(1)，2010年，42頁。

6) 中村剛「社会福祉における正義——「仕方ない」から「不正義の経験」へ」『社会福祉学』49(2)，2008年，3頁。

7) 野村聡「障害者領域でのジレンマ」本田勇・木下大生・後藤宏史・國分正巳・野村聡・内田宏明（編）『ソーシャルワーカーのジレンマ——6人の社会福祉士の実践から』筒井書房，2009年，27頁。

8) 北島洋美・杉澤秀博，前掲書，2010年，42頁。

9) 孫希叔「状況との対話を可能にする専門性と実践力」空閑浩人（編著）『ソーシャルワーカー論』ミネルヴァ書房，2012年，204頁。

10) 同前書，205頁。

11) 本田勇ほか，前掲書，筒井書房，2009年，179頁。

12) 尾崎新「ゆらぎからの出発」尾崎新（編）『ゆらぐことのできる力——ゆらぎと社会福祉実践』誠信書房，1999年，26頁。

13) Dolgoff, R. *Ethical decisions for social work practice,* Brooks/cole, pp. 75-178.

14) 野村聡，前掲書，2009年，27頁。

15) 田尾雅夫・久保真人『バーンアウトの理論と実際』誠信書房，1996年。

16) 岡本晴美「アイデンティティを育む職場環境づくり」空閑浩人（編著）『ソーシャルワーカー論』ミネルヴァ書房，2012年，220頁。

17) 糸賀一雄『福祉の思想』日本放送出版協会，1968年。

18) National Association of Social Workers., Standards for Social Work Personnel Practices, 1990（http://www. socialworkers. org/practice/standards/personnel_practices.asp）（2018年6月10日参照）

19) V. Coulshed., Management in social work. Palgrave Macmillan, 2006, p. 133.

20) ドラッカー，ピーター／上田惇生（訳）『マネジメント　基本と原則〔エッセンシャル版〕』ダイヤモンド社，2001年，9頁。

21) ドラッカー，ピーター／上田惇生（編訳）『チェンジ・リーダーの条件』ダイヤモンド社，2007年，17頁。

第Ⅲ部　ホスピタリティ意識の特性と形成——他業種との比較分析

22)　ドラッカー，ピーター，前掲書，2002年，85頁。

23)　保正友子・鈴木眞理子・竹沢昌子『キャリアを紡ぐソーシャルワーカー——20代-30代の生活史と職業像』筒井書房，2006年，288頁。

24)　田中希世子「悩みを共有できる職場環境の重要性」空閑浩人（編著）『ソーシャルワーカー論——悩むことを悩まないために』ミネルヴァ書房，2012年，100頁。

25)　田中雅子『ミッションマネジメントの理論と実践——経営理念の実現に向けて』中央経済社，2006年，42頁。

26)　同前書，79頁。

27)　ドラッカー，ピーター，前掲書，2007年，23頁。

28)　ダイヤモンド社（編）『だから若手が辞めていく——ミドルがカギを握る人材「リテンション」の可能性』ダイヤモンド社，2007年。

29)　田中雅子，前掲書，2006年，23頁。

30)　遠藤正一『究極の介護サービスを創る——夢と感動を届ける体験的介護論』日本医療企画，2006年，16頁。

31)　植戸貴子「知的障害者の自己選択をめぐるジレンマ」松岡克尚（編著）『障害者ソーシャルワークのアプローチ』明石書店，2011年，155頁。

32)　保正友子『医療ソーシャルワーカーの成長への道のり——実践能力変容に関する質的研究』相川書房，2013年，171頁。

33)　尾崎新，前掲書，1999年，1頁。

34)　田島良昭『施設解体宣言から福祉改革へ——障害をもつ人への支援も介護保険で』ぶどう社，2004年。

35)　Dolgoff, R. op. cit., pp. 75-178.

第10章
津久井やまゆり園事件からの示唆

1 事件の概要

考察の背景

　本章では，「津久井やまゆり園事件」と，それが示唆するものを考えていきたい。本事件については「優性思想」「措置入院のあり方」「警察と施設の情報交換の問題」「施設の防犯」「犯人の診断名」などの視点を含めて様々な議論があるが，筆者は，サービスの基本となる従事者のホスピタリティ意識形成の視点から考察したい。

　以下，2016年11月25日付で提出された，「津久井やまゆり園事件検証委員会」の報告書[1]により事件の概要を示す。

事件発生までの経緯

　2016年7月26日（火）2時頃，県立の指定管理施設である障害者支援施設「津久井やまゆり園」（相模原市緑区千木良）に，刃物を持ったU（当時26歳）が侵入し，入所者43名，職員3名が刺されるなどして，19名（男性9名，女性10名）が死亡，27名（男性22名，女性5名）が負傷した。当日，入所者157名が在園していた。Uは，園の元職員であった。日付を追って見ていきたい。

2012年

　9月27日　　共同会はUを非常勤職員として採用することを内定。

第Ⅲ部　ホスピタリティ意識の特性と形成——他業種との比較分析

12月1日　　　共同会はUを非常勤職員（日中の支援補助）として雇用。

2013年

2月1日　　　共同会はUを臨時的任用職員として雇用。

4月1日　　　共同会はUを常勤職員として採用。

5月頃から　　Uの服務関係や利用者支援について，幹部職員より指導が始まる。

2014年

12月31日　　入浴支援中にUに刺青があることを同僚職員が発見しホーム長に報告。

2015年

2月6日　　　Uと面接（園長，総務・支援・地域支援部長，生活2課長が対応した）。※以後，概ね月1回程度面接継続。

2016年

2月15日　　　Uが衆議院議長公邸へ手紙持参。津久井警察署より園に，Uの勤務状況等の問い合わせ。

2月16日　　　麹町警察署より法人事務局に連絡（事務局長）。Uが衆議院議長に手紙を渡したことを伝え，身分確認について問い合わせ。津久井警察署員が来園（総務部長）。Uが衆議院議長に渡した手紙の内容を伝え，Uへの対応を話す。

2月18日　　　園がUの最近の言動について把握する（職員からの報告）。のぞみホームにホーム長宿直，警備員の巡回回数を増やす。Uと翌日面接することが決定。総務部長より津久井警察署に連絡。園周辺の夜間警備強化を要請。Uとの面接の際にその場に待機してもらうよう依頼。

2月19日　　　Uと面接（園長，総務部長，支援部長）。Uは自主退職。津久井警察署員が園長室の隣室で待機，Uの言動を踏まえ，警察官職務執行法第3条に基づき，Uを保護。津久井警察署より園に北里大学東病院に措置入院決定の連絡。

164

第**10**章　津久井やまゆり園事件からの示唆

3 月 3 日	Uより園に退院したとの連絡あり（生活 2 課長）。
5 月30日	Uより園に連絡があり，退職金の受給手続きに来園。
6 月 3 日	園より津久井警察署に連絡。Uが来園したこと，民生委員から Uの生活保護に係る問い合わせがあったことを報告。
7 月26日	事件発生。

Uの採用及び採用当初の勤務態度と園の認識（2012年 8 月〜2013年 5 月）

2012年

8 月	Uは園の指定管理者である共同会が主催する就職説明会に参加 した。
9 月	Uは共同会の採用試験を受験し，実務試験，役員面接を経て， 共同会の常勤職員として2013年 4 月 1 日からの採用内定を得た。 Uの志望動機は，「学生時代に障害者支援ボランティアや特別 支援実習の経験及び学童保育所で 3 年間働いていたこともあり， 福祉業界へ転職を考えた」というものであった。

12月〜2013年 1 月

	共同会は，園の欠員補充のため，日中の支援補助としてUを非 常勤雇用し，2013年 2 月には雇用形態の変更により臨時的任用 職員として生活 3 課つばさホームに配属した。そして，2013年 4 月からは，常勤職員として生活 2 課のぞみホームにUを配属 した。
5 月頃から	Uは，食後のテーブルの拭き方が雑であるなど，支援技術の未 熟な部分や終業時間前に退勤してしまうといった服務上のだら しなさを上席者から指導される場面がみられるようになった。 Uは，主任や課長が指導をしても，謝罪する，改めるという誠 意のある態度はなく，支援部長や園長からも指導されることが あった。

165

第Ⅲ部　ホスピタリティ意識の特性と形成——他業種との比較分析

2013年

　5 月　　　　のぞみホーム利用者の手首にUが「腕時計」の絵を描いたこと
　　　　　　　がわかり，厳重注意されたことがあった。園はUについて，未
　　　　　　　熟な部分を指導しながら育てていかなければいけない職員との
　　　　　　　認識であった。

刺青が発覚して以降の園の対応（2014年12月～2015年 2 月）

2014年

　12月31日　　入浴支援中，同僚職員がUの背中一面に般若面などの刺青があ
　　　　　　　ることを発見し，ホーム長に報告をした。

2015年

　1 月23日　　園長は，常務理事及び法人事務局長にUの刺青について報告し，
　　　　　　　協議の上，津久井警察署と共同会顧問弁護士に対応について相
　　　　　　　談することとした。

　2 月 3 日　　園長と総務部長は，共同会顧問弁護士に今後の対応について相
　　　　　　　談した。弁護士からは，刺青を理由とする解雇は困難，本人に
　　　　　　　は業務中に完全に見えないようにすることを指導し，見えたま
　　　　　　　たは見せた場合は懲戒の対象とする旨も伝達するよう助言が
　　　　　　　あった。そのため，園としては弁護士の助言に基づいた指導を
　　　　　　　行うこととした。

　2 月 6 日及び17日

　　　　　　　園長，総務部長，支援部長，地域支援部長，生活 2 課長はUと
　　　　　　　の面接を実施した。面接では刺青を確認し，反社会的勢力との
　　　　　　　関係性やUの考えを確認するとともに，業務中には一切刺青を
　　　　　　　見えないように自身で工夫すること，刺青のことを報告した同
　　　　　　　僚を逆恨みしないように伝えた。Uはそれを了解し，今後も仕
　　　　　　　事を続けたいと話した。

　　　　　　　以降，概ね月 1 回程度，園の幹部職員が面接を継続実施し，園

としては，刺青について支援上不適切と考えていることを説明
し，業務中は見えないようにするよう指導した。

衆議院議長公邸への手紙持参から措置入院までの経緯（2016年2月14日～18日）

2016年

2月14日 （刺青発覚から約1年後）
　　　　　Uは衆議院議長公邸に行き，議長に手紙を渡したいと公邸職員
　　　　　に伝えたが，「休日であるため対応できない」と言われた。

2月16日 麹町警察署から法人事務局に電話があり，事務局長が対応した。
　　　　　麹町警察署からは「Uという者が衆議院議長公邸へ手紙を持参
　　　　　した。その後帰ったので罪を犯したということではない。身分
　　　　　確認したい。なお，確認したことで本人に不利益にならないよ
　　　　　うにしてほしい」と話があった。

2月17日 津久井警察署員が来園。園長，総務部長，支援部長は，Uの危
　　　　　険性や警備の強化について説明を受け，Uへの対応について相
　　　　　談をした。

2月18日 園が，職員からUの言動について情報を収集したところ，職員
　　　　　から「これまでは時々不適切な発言はあったが，気にならない
　　　　　程度だった」「2月に入って，特に12日頃よりひどくなってい
　　　　　る様子が窺えた」「18日の勤務中に，特にひどく見受けられた」
　　　　　との報告があったほか，以下の発言について報告があった。2
　　　　　月12日　夕食介助中に食堂にいた職員に「障害をもっている人
　　　　　に優しく接することに意味があるのか」としきりに訴えた。
　　　　　利用者に医療的なチェックをしている看護師に「本当にこの処
　　　　　置はいるのか。自分たちが手を貸さなければ生きられない状態
　　　　　で本当に幸せなのか」と質問（午前）。利用者を見ながら看護
　　　　　師に「生きていることが無駄だと思わないか。急変時に延命措
　　　　　置することは不幸だと思わないか」と質問（午後）。

第III部　ホスピタリティ意識の特性と形成——他業種との比較分析

Uの発言に係る職員からの報告を受けて，園は理事長及び法人
事務局長と対応を協議し，のぞみホームに，2月18日は通常の
夜勤者に加えてホーム長が宿直すること，夜間警備員の巡回回
数を増やすこと，翌日，Uと面接することを決定した。園の幹
部職員は，2月以降の障害者の人権侵害に係る発言をするUに
ついて，それまでとは全く違う印象を受けたとのことである。

Uとの面接と退職の経緯（2月19日）

2月19日　　園長，総務部長，支援部長はUと面接を行った。常務理事，法
人事務局長と津久井警察署員（3名）は，面接時隣室で待機を
していた。面接では，園長が，日頃の障害者に関する人権侵害
と受け取れる言動（「重度の障害者に優しくしても仕方がないだろう。
生きていても仕方がない。安楽死させた方がいい」と言ったことなど），
衆議院議長への手紙，Uの考え，Uが障害者支援施設職員の仕
事を続けることについて，Uに考えを聞いた。Uは，「園内で
の発言は自分が思っている事実であり，約1週間前に手紙を出
した。自分の考えは間違っていない。仕事を続けることはでき
ないと自分も思う」と述べ，突然「今日で退職する」と申し出
た。それを受けて，総務部長がUに辞職願の用紙を渡すと，U
はその場で記入して提出し，自分の荷物を取りまとめ，園に所
持していた鍵を返却した。Uは警察官職務執行法第3条に基づ
き保護されて津久井警察署へ行くことになった。

津久井警察署への同行と措置入院（2月19日）

2月19日12時頃

施設において，Uと園長，常務理事，事務局長が面談。面談時
に容疑者が退職届を提出し，退職。津久井警察署は施設からの
依頼を踏まえ，施設内に待機。

168

第 **10** 章　津久井やまゆり園事件からの示唆

12時40分頃

　　　津久井警察署は，面談結果に係る施設側からの説明，本人が警察官に対して「日本国の指示があれば大量抹殺できる」などの発言を繰り返していたこと等を踏まえ，容疑者を警察官職務執行法第３条に基づき保護し，津久井警察署に同行。

14時30分頃

　　　精神保健福祉法第23条に基づき相模原市に警察官通報。

15時20分頃

　　　相模原市職員３名が津久井警察署で事前調査を開始。

19時20分頃

　　　事前調査の結果，相模原市が緊急措置診察の実施を決定。

20時30分頃

　　　東病院の指定医１名（相模原市が指定）による緊急措置診察の実施。指定医は手紙を閲覧し，診療録等に「障害者を抹殺し，その障害者に使っているお金を世界の貧困の人たちにまわしてほしい。日本国の指示があれば自分が抹殺を行うことはできる」等の手紙の内容を記載。当該指定医は，手紙の内容も踏まえ，主たる精神障害を「躁病」と診断。緊急措置入院に関する診断書において，これまでに認められた問題行動として，脅迫を指摘し，今後恐れのある重大な問題行動として，殺人，傷害，暴行，脅迫を指摘。診察時の精神症状としては，思考奔逸，高揚気分，易怒性・被刺激性亢進，衝動性，興奮を認め，暴言があり，躁状態にあると評価。診察時の特記事項として，「『世界の平和と貧困』，『日本国の指示』，『抹殺』などといった思考が奔逸しており，また，衆議院議長公邸に手紙を渡しに行くといった衝動行為，興奮，また気分も高揚し，被刺激性も亢進しており，それら精神症状の影響により，他害に至る恐れが著しく高いと判断されるため，措置入院を必要とした」と記載している。

169

第Ⅲ部　ホスピタリティ意識の特性と形成——他業種との比較分析

21時30分頃

当該指定医の診断に基づき，相模原市が緊急措置入院を決定。

2　ホスピタリティから考える事件の深刻さ

　本事件はまさにサービスにおけるホスピタリティと正反対の行為である。これは別の視点として，ソーシャルワーカーの倫理綱領にも同時に反する事態である。

　そこには，「知的障害者福祉サービス従事者のホスピタリティ意識の形成要素とプロセス調査（第8章）」に示された影響要因焦点コード2『より良い生活を創造する力』の影響は認められず，焦点コード3『より良い生活の創造を阻む力』からの影響が認められる。以下カッコ内は表14の回答番号である。

　具体的には個人レベルの【自発性を阻む力】(3-1)，【協調行動の支障】(3-2)，【利用者理解の乏しさ】(3-6)，【従事者の不適格性】(3-4)，【上司とのコミュニケーションの困難】(3-5)，マネジメントレベルの【やむを得ない採用】(3-9)，【施設の使命の不鮮明】(3-12)，【育てられない】(3-10)，利用者の障害特性レベルの【コミュニケーションの難しさと周辺症状】(3-18)である。結果的には焦点コード7『支援姿勢の選択』において，【支援の意義が感じられなくなる】(7-4)を選択したことになる。このプロセスについて後で論じることとしたい。

　本事件は，ナチス・ドイツの障害者虐殺とは根本的に違う，極めて重大な問題点がある。それは障害者について何も知らない人間がそのような行為に至ったのではなく，3年間現場の施設で勤めていた人間が犯行に及んだという点である。障害者福祉施設従事者は障害者と社会との橋渡しをするという役割がある。その貴重な役割を担う立場の人間が，本来とは逆のことをしてしまったことに本事件の重大性がある。

　実は，障害者施設において，施設従事者の利用者に対する虐待行為は多数認められ，袖ケ浦福祉センターでは従事者による利用者の死亡事故が起きた。こ

170

第**10**章　津久井やまゆり園事件からの示唆

れだけに限らず，現在も障害者福祉施設従事者等による障害者虐待が現在でも継続して認められている[2]。本来利用者の生活を支えようとする従事者が，利用者に危害を加えてしまっている現実がある。

加えて，津久井やまゆり園は，ノーマライゼーションの国際的常識に反して，人里から隔絶された場所に巨大施設として建設された。当初は神奈川県の県営施設として出発したが，運営経費を削減するために2005年指定管理者制度によって，社会福祉法人「かながわ共同会」に経営主体が移管された。求人広告によると，夜間パート職員の時給は神奈川県の最低賃金におさえられた。

なお，以下検討し，述べていくことは，当時の個々の従事者を非難するものではないことをあらかじめお断りしておきたい。また法人も与えられた環境で誠実に最大限の努力をしていたことに対する認識は示しておきたい。

3　他の事件に通底する問題

津久井やまゆり園事件を分析する前に，同様の事件を紹介しておきたい。川崎市の有料老人ホーム事件，千葉県袖ケ浦福祉センター暴行事件，知的障害者支援施設「ビ・ブライト」暴行事件である。これらも下記の検討の中で適宜触れていきたい。以下，新聞報道をもとに概要をまとめる。

川崎市の有料老人ホーム事件

2014年11月から12月にかけて川崎市の有料老人ホーム「Ｓアミーユ川崎幸町」にて，相次いで入居者３人が転落死した。初動捜査では変死として処理されたものの殺人事件の可能性が疑われていた。

2016年２月16日，神奈川県警はこの件に関わった元職員の男性Ｉ（2016年２月当時23歳）を殺人容疑で逮捕した。Ｉは2015年５月に同老人ホームで繰り返し，窃盗を行った容疑で逮捕され，懲役２年６カ月執行猶予４年の判決を受けていた

Ｉは動機について「様々な感情があった」と述べ，転落死した当時87歳の入

171

第Ⅲ部　ホスピタリティ意識の特性と形成——他業種との比較分析

居者について「手がかかる人だった」と述べた。また、「介護の仕事にストレスがたまっていた」という趣旨の供述もしたことから、警察は介護のストレスから犯行に及んだとみている。そして、元職員は「申し訳なかった」と反省の言葉を口にした。

　約80名を介護するＳアミーユ川崎幸町では当時、深夜から早朝までの当直勤務を３名の職員で担当。分刻みで定められた業務表に沿って、おむつの交換や呼び出しの対応などに追われていた。同所では転落死事件のみならず、別の介護職員による虐待までもが発覚し、虐待にかかわった男性職員４名を解雇している。

　同事件を概観すると、第８章の調査に示された影響要因焦点コード２『より良い生活を創造する力』の影響は認められず、焦点コード３『より良い生活の創造を阻む力』からの影響が認められる。以下カッコ内は表14（第８章）の回答番号である。具体的には個人レベルの【従事者の不適格性】（3-4）、【利用者理解の乏しさ】（3-6）、マネジメントレベルの【やむを得ない採用】（3-9）、【過酷な労働条件】（3-11）、【施設の使命の不鮮明】（3-12）、【育てられない】（3-10）、利用者の障害特性レベルの【コミュニケーションの難しさと周辺症状】（3-18）である。結果的には焦点コード７『支援姿勢の選択』において、【支援の意義が感じられなくなる】（7-4）を選択したことになる。

千葉県袖ヶ浦福祉センター暴行事件

　2013年11月26日に、千葉県が設置し、千葉県社会福祉事業団（以下「事業団」という）が指定管理者として運営する千葉県袖ヶ浦福祉センター（以下「センター」という）の養育園の利用者が死亡する事件が発生した。

　19歳の少年が従事者に暴行された後に死亡していた。暴行には男性従事者５名が関り、この少年とは別に９名の入所者にも暴行があった。2011年５月ごろから虐待が日常的にあったと見られる。

　養育園は1967年に開設。現在は社会福祉法人千葉県社会福祉事業団（近藤敏旦理事長）が指定管理者として運営している。

第10章　津久井やまゆり園事件からの示唆

　定員は80名で五つの寮に分かれていた。亡くなった少年は，男子棟の中でも強い行動障害がある人や自傷他害のある人を対象にした第2寮（14名）に入所していた。

　少年は11月24日，ソファで横になっていたところ職員1名に腹を蹴られた。翌25日，夕食後に倒れ救急搬送されたが26日未明に死亡。29日，検視と解剖をしたとの連絡が警察から養育園に入った。死因は腸に穴が開いたことによる腹膜炎だった。

　調査では，職員5名が暴行にかかわり，亡くなった少年とは別の9名にも暴行があったことが判明。しかし事業団は，今回の事件が起きるまで「全く職員らから報告を受けておらず把握していなかった」とし，管理体制の問題を露呈した。事業団の田村邦夫常務理事によると，養育園の職員の平均年齢は33歳ほどである。暴行を認めた5人の勤続年数は最長で8年8カ月（50代の契約職員）。うち4名は20代で，正規職員になって8カ月の人もいた。調査に対し「支援がうまくいかず手を出してしまった」などと話しているという。事業団は行動障害への対応について職員を研修に参加させるなどしていたが，教育が至らなかったという。また調査では，実は暴行を目撃したという職員が3名いたことも分かった。入職1年未満の人を含む若い職員だという。障害者虐待防止法は施設内虐待を禁止し，従事者の虐待を発見した人に通報義務を課すが，上司に報告はなかった。事業団は虐待防止の教育も不十分だったとしている。「千葉県社会福祉事業団による千葉県袖ヶ浦福祉センターにおける虐待事件問題，同事業団のあり方及び同センターのあり方について（答申）」では，(1)職員の資質や職場環境の問題，(2)人材育成や研修，職場環境，職員配置の問題，(3)幹部の管理体制，虐待防止体制・事故などに関する情報共有の問題，(4)幹部の資質・能力，管理体制の問題を挙げている。

　前述の事件と同様に前出の表14（第8章）に照らし合わせると，次のようになるのではないだろうか。焦点コード2『より良い生活を創造する力』の影響は認められず，焦点コード3『より良い生活の創造を阻む力』からの影響が認められる。個人レベルの【利用者理解の乏しさ】(3-6)，マネジメントレベル

173

第Ⅲ部　ホスピタリティ意識の特性と形成——他業種との比較分析

の【過酷な労働条件】(3-11)，【施設の使命の不鮮明】(3-12)，【育てられない】(3-10)，利用者の障害特性レベルの【コミュニケーションの難しさと周辺症状】(3-18)である。結果的には焦点コード 7『支援姿勢の選択』において，【仕方がない】(7-3)を選択したことになる。

知的障害者支援施設「ビ・ブライト」暴行事件

　宇都宮市の知的障害者支援施設「ビ・ブライト」で2017年 4 月，入所者の男性（28歳）が腰の骨を折るなどの重傷を負った事件で，栃木県警は13日，既に逮捕された元施設職員の男性Ｓと共謀して男性に暴行し，けがを負わせたとして傷害の疑いで，施設を運営する社会福祉法人「瑞宝会」女性職員Ｍ（25歳）を逮捕した。さらに県警ＯＢの職員ら 3 人が事件の証拠隠滅容疑で逮捕された。

　母体法人瑞宝会関係者らによると，Ｍは体格が良く柔道二段。施設では暴れる入所者を抑えたり，入所者同士のけんかを収めたりすることもあった。

　ビ・ブライトの職員はＭについて「明るい性格で利用者ともうまくコミュニケーションを取っていた。勤務態度は真面目」と，Ｓについても「基本的に真面目で，言ったことはやってくれる」と話していた

　2 人は，4 月15日，共謀してビ・ブライトで男性の腰を代わる代わる蹴るなどの暴行を加えて，重傷を負わせたとしている。男性は16日に体調不良となって病院に搬送され，一時は意識不明となった。17日，東京都に住む男性の家族が「施設に入っている子どもが大けがをした」と警察に相談，事件が発覚した。男性は腹腔内に 1 リットル以上の血液がたまり，一時，意識不明となった。その後，回復したが療養を続けている。

　また，Ｍは，栃木市の障害者施設でも，入所者の女性に平手打ちなどをしたとされる。Ｍは，柔道の有段者で2014年 3 月，柔道関係者の紹介で瑞宝会に入社した。障害者福祉について学んだ経験はなく，入社後も研修を受けないまま，宇都宮市内の知的障害者施設に配属された。

　施設では，日々，入所者が指示に従わなかったり，暴れたりすることがあった。Ｍは入所者たちに次第にいらだちを募らせ，他の職員に相談したが，「仕

174

方がない」と言われるだけだった。

　施設では職員による暴力は日常的で，入所者は暴力を恐れ，職員の指示に従っていたという。その様子を見て，Ｍも平手打ちなどの暴力を振るうようになった。大柄で力のあるＭは入所者から恐れられるようになり，Ｍが手を上げると，おとなしくなる入所者もいたという。

　前述の事件と同様に前出の表14（第8章）に照らし合わせると，次のようになるのではないだろうか。焦点コード2『より良い生活を創造する力』の影響は認められず，焦点コード3『より良い生活の創造を阻む力』からの影響が認められる。個人レベルの【利用者理解の乏しさ】(3-6)，マネジメントレベルの【施設の使命の不鮮明】(3-12)，【育てられない】(3-10)，利用者の障害特性レベルの【コミュニケーションの難しさと周辺症状】(3-18) である。結果的には焦点コード7『支援姿勢の選択』において，【仕方がない】(7-3) を選択したことになる。

4　緊急性と重大性を併せ持つ課題

　津久井やまゆり園事件について，従事者のホスピタリティ意識の視点から以下の4点について述べたい。

　筆者は本事件を巨大施設において，ノーマライゼーション思想と程遠い立地の影響もあり，利用者の生活状況に問題意識が薄れてきた従事者集団の中で，人格的に未熟な若者がその障害者福祉サービスの意味を感じられなくなり，またそれを修復できなかったために犯行に至ったと考える。単なる個人の猟奇的な犯行ではないと思われる。むろん，社会福祉サービスに従事する者が，同様の意識を持っているわけではない。現に，同じ神奈川県のグループホームや通所施設のスタッフは，同様の事件を起こしていないのである。

　しかし，本事件は全く偶然に起きたというよりも，様々な理由が重なって起きたと考えられる。その理由として以下に，「個人のホスピタリティ意識の低下」「組織文化」「組織としてのホスピタリティ意識の醸成不足」「人材マネジ

メントの難しさ」, について述べておきたい。

とても痛ましい, 目を覆いたくなるような事件ではあるが, 他の障害者の虐待事件などを見ても, この事件だけが特別とは思えないのである。はじめから障害者を傷つけようと福祉の世界に入ってくる人間はいないはずである。虐待は, 障害の特性に対する知識や理解の不足, 障害者の人権に対する意識の欠如, 障害者福祉施設の閉鎖性などが原因として挙げられる。上記の「個人のホスピタリティ意識の低下」,「組織文化」,「組織としてのホスピタリティ意識の醸成不足」「人材マネジメントの難しさ」と共通するものがあると考えられる。そして上記4点は川崎市の有料老人ホーム事件や千葉県袖ケ浦福祉センター暴行事件, 知的障害者支援施設「ビ・ブライト」暴行事件にも該当すると考えられる。

個人としてのホスピタリティ意識低下

ここではUの親子関係, 個人的挫折経験, コンプレックスなどについては深入りしない。Uには様々な人生の屈折があるにせよ, 最初はムードメーカーでとても意欲的であったとも報道されている。津久井やまゆり園の家族会が発行した機関誌に「心温かい職員の皆様と笑顔で働けることができる毎日に感動しています。一年後には仕事を任すことができる職員を目指して日々頑張っていきます」と書いている。そして入職当初は「慣れると障害者はかわいい」と友人に語っていた。また半年後には常勤職となり, 勤務の継続意思を示している。誰しも, 重度の障害のある利用者との関わりで戸惑うことはあるであろう。障害者福祉サービスの前線の従事者には多かれ少なかれ, のような時期があるだろう。それを乗り越えるのは個人の力のみでなしうるものではない。そのような思いがよぎったことを隠すことなく, どう克服していくのかを, 職場の仲間で考える必要がある。

一つの考え方として, Uの犯行は前述した燃え尽き症候群が背景 (複数の理由の内の一因) にあると考えられる。もともと人との関わり方が幼く (報告書によれば未熟な部分があるとされていた), 自分の支援が利用者に伝わらない, どの

ように関わることが良いのかわからない。そして，その支援の意義を教えてもらえていない，支持的に本人が感じていることに丁寧に寄り添ってもらえていなかったなど，カレッジたち[3]の燃え尽き症候群のストレス構造と一致する。

　カレッジたちはヒューマンサービス機関のストレス構造として，次のように挙げている。

　(1)ワーカー側の要因　パーソナリティ・属性・専門的地位・手腕
　(2)職場の要因　仕事・職制・権限と権威・資源・機能・役割
　(3)利用者側の要因　行動と態度・属性・慢性・重度さ・複雑さ

　このようなストレスの累積が，前述した燃え尽き症候群の症状である「達成感の低下」（ヒューマンサービスの職務に関する有能感，達成感が失われる），「脱人格化」（クライエントに対する無情で非人間的な対応）[4]ともいうべき凶行に駆り立てたと考えられる。利用者の存在を否定する言動が見られるようになったのが，入職して2年後であることが，燃え尽き症候群の発症する時期とも一致している。

　他の事件についても触れておきたい。川崎市の有料老人ホーム事件では，要求行動の多い利用者に対して，過酷な労働環境で心身ともに疲弊した青年が犯行に及んだ。上記の「達成感の低下」「脱人格化」と共通する。それに対して，千葉県袖ケ浦福祉センター暴行事件，知的障害者支援施設「ビ・ブライト」暴行事件では，利用者への支援の仕方がわからない利用者が「暴行することを仕方がない」と思って犯行に及んだのである。同様のホスピタリティ意識喪失のプロセスを辿ったと言えるであろう。

　実は，これらの事件を取り扱う報道や論文において，事件の残酷さに目を奪われ，本人のホスピタリティ意識の喪失を他の従事者にも共通する可能性があるという問題意識から論じたものはほとんど見られない。これはホスピタリティ意識の喪失が潜在的に大きな事件に発展しかねないことから注意を削ぐものである。

第Ⅲ部　ホスピタリティ意識の特性と形成——他業種との比較分析

組織風土

　津久井やまゆり園が大規模で，また市街地から離れたところにあり，それを事件後も存続しようとしていたことについて考えてみたい。2016年9月13日，神奈川県の黒岩祐治知事は，施設を管理していた社会福祉法人「かながわ共同会」と保護者会の要望を受け，施設をすべて建て替えることを表明した。事件後同様の施設を「再生のメモリアル」として再建しようとした。

　しかし，「時代錯誤」などとの批判を受け，黒岩知事は，地域支援に実績ある施設のスタッフから聞き取り調査をし，国際的なノーマライゼーションの思想を学んだ。そして，2017年8月17日，前言を翻し，施設を現在より小規模・分散化させて再建する方針を明らかにした。報道陣に「施設の原状復帰という当初の方針は変更し，小規模化，地域移行という方向性で県として新しい方針を打ち出す」と述べた。

　再建を巡り，県障害者施策審議会の専門部会が8月2日，入所者本人の意思決定を支援していく一方で，施設を小規模化し，「地域移行」を促進するとの最終報告書を取りまとめた。同審議会は17日，この報告書を承認し，黒岩知事に提言。これを受けて知事が取材に応じた。小規模化，地域移行はすでに実践がされており，利用者支援の在り方から考えると極めて適切な判断であり，それを審議会や知事が認識したのであろう。

　ここで法人と保護者会が大規模施設の再建を求めたことに注目したい。前述した袖ケ浦福祉センターでも，保護者たちは大半が同施設での利用継続を希望した。第7章で示された通り，家族にはそれ以外の選択肢がないと追い詰められていたことを理解すべきであろう。また，法人は，利用者の少人数の地域生活を推進しようとせず，結果的に大きな敷地に全ての機能を集約した施設を建て替えるという案を提示した。委託された法人側は施設の入所継続を「仕方がない」と判断したということであろう。法人経営者の意識形成の一つの帰結とも言える。

　そして，本事件後，同様の施設再建を希望したという従事者たちは「地域生活は不可能で，施設生活は仕方がない」と感じているタイプであり，「仕方が

178

第10章　津久井やまゆり園事件からの示唆

ないと考えることに慣れている」タイプであると考えられる。それはホスピタリティ意識の低下した姿とも見ることができる。

これは前述の組織の使命の不鮮明さ，停滞した組織の雰囲気と共通するところである。そしてその組織文化がUに何らかの影響を及ぼしたとしても不思議ではないだろう。

続けて他の事件について触れたい。川崎市の有料老人ホーム事件では，同様の虐待をしていた従事者がいたという文化がある。また，千葉県袖ヶ浦福祉センター暴行事件では，従事者の若年化で適切な対応が見出せず，他の従事者も通告せずに黙認していたという事実が見られる。知的障害者支援施設「ビ・ブライト」暴行事件でも同様である。個人の課題ばかりではなく組織文化が事件に影響しているようにうかがわれる。

組織としてのホスピタリティ意識の醸成不足

津久井やまゆり園事件の考察を進めると，利用者の支援に喜びを見出せるような施設側の従事者に対する関わりが薄いことに気がつく。利用者のために自分たちがどのような組織の理念を持っているかを従事者の心に届くように伝えていないのである。

本事件では，Uが衆議院議長に直訴に行った後で施設に連絡があり，施設側から「ナチス・ドイツの考えと同じだ」と批判されるが，その主張を変えなかったことから解雇されるに至った。それまで，上席職員が注意して見守る（課題のある職員を管理するという意味が強く）ということは報告されているが，組織として従事者を育てるプロセスがあまり認められない。

事業者が「職員一人ひとりが自尊感情をもち，勇気づけられ，励まされ，支えあう状況を作らなければ，理念を掲げる精神は職員行動として表現されない」[5]のである。行動障害のある利用者に対して「支援の専門性」はもちろん「従事者の心のケア」も支援に係る重要な視点である[6]。地域生活支援モデルとして例示される施設では，マネジメントがしっかりとなされている。障害者の地域生活支援で有名な社会福祉法人「むそう」（戸枝陽基理事長）では「現場で

179

第Ⅲ部　ホスピタリティ意識の特性と形成——他業種との比較分析

むそうらしいとか，むそうらしくないという議論をよくしている」[7]という。

　それは第8章の調査結果（組織の使命の不鮮明，停滞した組織の雰囲気）と共通するところである。まさに，組織としてのホスピタリティ意識の醸成が問われていると言えよう。個々の従事者が育つのを待つのではなく，どのような従事者を育てたいということへのプリンシパルが見えないのである。

　上記の【組織の使命の不鮮明】【停滞した組織の雰囲気】に関して，川崎市の有料老人ホーム事件では，従事者一人ひとりが自尊感情をもち，勇気づけられ，励まされ，支えあう状態は認められない。また，千葉県袖ケ浦福祉センター暴行事件では施設内研修が行われていたもののそれが十分でなかったことは事件後の検証委員会報告で述べられている。知的障害者支援施設「ビ・ブライト」暴行事件では周囲の職員が育成する雰囲気が認められない。繰り返しになるが，確かに津久井やまゆり園でも職員研修はシステムとして存在していた。ただし，個々の従事者のニーズに合った形で育てるということが十分になされていなかったと考えられる。

人材マネジメントの難しさ

　津久井やまゆり園事件発生には，神奈川県が，指定管理者制度により費用の効率化を図ろうとしたことも大きく影響していると考えられる。かつて県立県営の施設であったものが民間委託され，コストカットされ，給与も抑えられている状況となり，人材確保が難しくなっていることが窺われる。指定管理者制度の移行が「組織としての活力を弱めて」しまうことは，施設内で従事者が集団暴行により利用者を殺傷してしまった袖ヶ浦福祉センター[8]事件とも共通するところがある。調査委員会報告で，幹部の管理体制，虐待防止体制・事故等に関する情報共有の問題，幹部の資質・能力，管理体制の問題が挙げられている。また，川崎市の有料老人ホーム事件では犯人が利用者の金銭の窃盗をしていたばかりでなく，同施設の他の従事者が虐待をせざるを得ないような状況に適切な対応ができていなかった。知的障害者支援施設「ビ・ブライト」暴行事件では，組織としての隠ぺいを図る行為が認められる。

180

第10章　津久井やまゆり園事件からの示唆

　マネジメントには採用―育成―配属―解雇・退職のプロセスが含まれる。入口の採用では当然入念に配慮された採用がなされなければならないのである。それに対してこれらの事件では，人材確保困難を反映して【やむを得ない採用】をせざるを得なかったと考えられる。また，津久井やまゆり園事件では，本人の人格的未熟さが認められながらも，「刺青が解雇の理由にならない」として解雇できなかったことにも組織としての対処能力が疑われる。

　「組織としてのホスピタリティ意識の醸成不足」とも重複するが，地域生活支援モデルとして例示される施設でも，従事者の個別的課題に事業者たちが奮闘している姿は無視できない。前述の「むそう」(戸枝陽基理事長)では「中途採用でかなり採用した時期もあったが結論として誰も残っていない。決定的には（残らない理由として）彼らのコミュニケーション能力が足りないということが挙げられる。障害者の方の地域での生活を支援するというのは，コミュニケーションをして事業展開する，サービス供給するということであって，施設内である程度ルーティン化，マニュアル化されたサービスとは異なる。そうなるとコミュニケーション力が問われるのだが，それが決定的に足りないということがあり，我々が展開しているサービスの本質として不向きということがある」[9]と述べている。「むそう」の事例では，残らなくなった従事者たちは「地域生活支援の意義を感じられなくなった」タイプということになるだろう。ここでは，法人の方針を毅然として示していることが認められる。それに対して，これらの事件では，組織の方針を明確にして，採用し，育成し，雇用を不適切に長引かせない，というマネジメントが認められないのである。

　以上，「個人のホスピタリティ意識の低下」，「組織文化」，「組織としてのホスピタリティ意識の醸成不足」「人材マネジメントの難しさ」，という背景が重なったところに，これらの事件が発生したと筆者は考えている。

　言い換えれば，個々の従事者の入職の動機，支援姿勢，社会性，これまでの成功体験・失敗体験・ストレス耐性にマネジメントの問題が加わることにより，これらの事件は発生したのではないかと考えられる。そして繰り返しになるが，それは今回の事件にとどまらず，同様の条件がそろえば，類似した事件が発生

181

第Ⅲ部　ホスピタリティ意識の特性と形成——他業種との比較分析

する可能性もあろう。ホスピタリティとは正反対の行為が存在することをこれ
まで述べてきたプロセスから，検証していくことができると考えられる。

注
1)　津久井やまゆり園事件検証委員会『津久井やまゆり園事件検証委員会報告書』
　　2018年。http://www.pref.kanagawa.jp/uploaded/attachment/853791.pdf（2017年
　　8月29日参照）。
2)　厚生労働省社会・援護局障害保健福祉部障害福祉課地域生活支援推進室『障害者
　　虐待の防止，障害者の養護者に対する支援等に関する法律に基づく対応状況等に関
　　する調査結果報告書』2017年，15-22頁。
3)　Courage, M., Williams, D. An Approach to the study of Burnout in rofessional
　　Care Providers in human service Organizations, *Journal of social service research*,
　　1987, p 12.
4)　Maslach, C., Burn-out, *Human Behavior*, 5 (9), 1976, pp. 16-22.
5)　相馬伸男「社会福祉事業の運営における倫理——現場から発信できること」『社
　　会福祉研究』127，2016年，55-63頁。
6)　同前書，27頁。
7)　福祉マネジメント研究会（編）「ニーズ対応型福祉サービスの開発と起業化——
　　「福祉マネジメント研究会」報告書」（損保ジャパン日本興亜福祉財団叢書 no. 88），
　　2016年，56頁。
8)　相馬伸男，前掲書，2018年，56頁。
9)　福祉マネジメント研究会，前掲書，2016年，13頁。

おわりに

　本書では，社会福祉の支援が法的にサービスとして位置づけられた今日，障害者福祉サービスを従事者のホスピタリティ意識の視点から考察を試みた。

　ホスピタリティは内発的動機と行動の選択の統合体であり，目の前の利用者を，かけがえのない存在と認識し，より良い生活を創造するサービスの原動力となりうるものである。しかし，その維持・向上は決して安易ではない。確かに，過去に比べて障害者福祉サービスが発展してきたことは事実であるが，現在でも多くの知的障害者が，集団生活を余儀なくさせられる入所施設か，家族に依存する地域生活かの二者択一を迫られている。より良い生活を創造するサービスの存在は今も求められている。

　ここで，ホスピタリティ意識を低下させないために強調しておきたいことがある。ホスピタリティ意識は真空状態で認識されるものではない。従事者自身の個別性を重要視しつつも，それを触発する環境づくりや自己理解を促すことも求められるだろう。時に従事者は揺れ動く実践の中で，自分の信念を失いかけたりする。そのようなときにこそ，適切なマネジメント，理念の浸透，個別の支持的ケアが求められるのではないだろうか。

　個人の自主性のみに帰し，自然と意欲が生まれるのを待つのではなく，職場としても本人が成長しようする意欲を駆り立てる環境づくりを心がけることが求められるのではないか。

　これまでの考察を踏まえて，ホスピタリティ意識の維持・向上に向けて以下の提言をしたい。

(1)ホスピタリティ意識の維持継続には，個人，環境，利用者の相互作用で変化することを認識し，利用者を中心としたマネジメントの視点から考える

必要性がある。

(2)組織のミッションの明確化とそれに基づく人材の育成が必要である。

(3)従事者が「仕方がない」と考える原因は一様でないことを認識して，利用者の支援に悩む従事者を，それぞれのニーズを理解しながら支えていく必要がある。

　最後に，本研究の課題について述べておきたい。本書では，ホスピタリティの視点から障害者福祉サービスに関して，業種間比較による特性，ホスピタリティ意識形成の要因とプロセス，ホスピタリティ意識の低下を招く危機の実態が示唆された。

　社会福祉サービスのパラダイムチェンジがなされた今日，ホスピタリティの視点から社会福祉サービスを考察することは，社会福祉サービスを相対的に検討することができるようになる。これは極めて有意義であろう。しかし，本書ではホスピタリティの理論構築に関する議論が十分に展開できず，インタビュー調査も少数にとどまったため，一般化するには限界がある。また，ホスピタリティの視点を議論することの可能性や意義，課題について，十分な検証ができなかった。

　以上の限界を認識しつつも，利用者の意思を尊重し，対等でインタラクティブな関係性を構築できるようにすることの重要性を鑑みたとき，ホスピタリティ概念を社会福祉サービスにしっかりと位置付けるための研究は意義を持つと思われる。今後も研究に邁進していきたいと考える次第であるし，また同様に研究をしてくださる方の活躍を切望するものである。

　2018年8月

　　　　　　　　　　　　　　　　　　　　　　　星野晴彦

引用・参照文献

欧文文献

Becker, C., Exploring the relationship between heterogeneity and generic management trends in hospitality organizations, *International Journal of Hospitality management,* 14 (1), 1995, pp.39-52.

Chapman, A., The contemporary model of hospitality service, *International Journal of Contemporary Hospitality Management,* 18 (1), 2006, pp.78-88.

Coulshed, V., Management in social work. Palgrave Macmillan, 2006, p.133.

Courage, M., Williams D., An Approach to the study of Burnout in rofessional Care Providers in human service Organizations, *Journal of social service research,*1987, p.12.

Derrida, J., "hospitality", *Journal of the theoretical humanities,* volume 5 number 3, 2001, p.14.

Dolgoff, R., Ethical decisions for social work practice ,Brooks/cole, 2009, pp.75-178.

Ford, C., How much practical hotel management educations is necessary ?, *International Journal of Contemporary Hospitality Management,* 7 (5), 1995, p.1.

Harrison, S., Strategic analysis for Hospitality Industry, Cornell *Hotel and Restaurant administration Quarterly,* 44, 2003, pp.139-161.

Maslach, C., Burn-out, *Human Behavior,* 5 (9), 1976, pp.16-22.

Morrison, A., O'Gorman, K., A. Hospitality studies and hospitality management, *International Journal of Hospitality Management,* 27 (2), 2008, pp.214-221.

National Association of Social Workers,. Standards for Social Work Personnel Practices. http://www.socialworkers.org/practice/standards/personnel_practices. asp（2017年8月29日参照）

邦文文献

荒木誠之『社会保障法読本』（第3版）有斐閣，2002年。

五十嵐元一「ホスピタリティと企業行動に関する研究——'SERVQUAL'研究を手掛か

りとして」『北海学園大学経営論集』3(2)，2005年，99-100頁。

糸賀一雄『福祉の思想』日本放送出版協会，1968年。

岩田靖夫『よく生きる』筑摩書房，2005年。

岩崎晋也「社会福祉における社会と個人の価値対立——岡村理論と三浦理論の批判的検討」『人文学報』272，1996年，57-74頁。

岩田正美「社会福祉理論における社会福祉サービスの位置と意味——とくにパーソナル・ソーシャルサービスの拡大をめぐって」『人文学報』281，1997年，1-40頁。

岩間伸之「対人援助のコミュニケーション」大國美智子編集代表；大阪府社会福祉協議会大阪社会福祉研修センター編集『福祉サービスにおける第三者委員苦情解決ハンドブック』中央法規出版，2001年。

植田嘉好子「支援の研究に必要な実存の理解とは」佐久川肇（編著），上田嘉好子・山本玲菜（著）『質的研究のための現象学入門——対人支援の「意味」をわかりたい人へ』医学書院，2009年。

植戸貴子「知的障害者の自己選択をめぐるジレンマ」松岡克尚（編著）『障害者ソーシャルワークのアプローチ——その構築と実践におけるジレンマ』明石書店，2011年。

上野千鶴子「ケアされるということ——思想・技法・作法」上野千鶴子・大熊由紀子・大沢真理・神野直彦・副田義也（編）『ケアされること』（ケア その思想と実践3）岩波書店，2006年，1-34頁。

エリクセン，クリスティアン／豊原廉次郎（訳）『ヒューマン・サービス——新しい福祉サービスと専門職』誠信書房，1982年。

遠藤正一『究極の介護サービスを創る——夢と感動を届ける体験的介護論』日本医療企画，2006年。

遠藤美貴「日本における施設解体を考える」河東田博（編著）『ヨーロッパにおける施設解体』現代書館，2002年。

大村壮「特養職員による感謝の言葉の要求が老人虐待の発生と繰り返しに与える影響の検討」『老年社会学』29(1)，2007年，13-20頁。

小笠原文孝『保護者の要望をどう受け止めるのか——苦情解決・第三者評価に求められる保護者への説明責任』フレーベル館，2002年。

岡村重夫『社会福祉原論』全国社会福祉協議会，1983年。

岡本晴美「アイデンティティを育む職場環境づくり」空閑浩人（編著）『ソーシャルワーカー論——「かかわり続ける専門職」のアイデンティティ』ミネルヴァ書房，2012年。

引用・参照文献

尾崎新「ゆらぎからの出発」尾崎新（編）『ゆらぐことのできる力——ゆらぎと社会福祉実践』誠信書房，1999年。

尾崎新「葛藤・矛盾からの出発」尾崎新（編）『「現場」のちから』誠信書房，2002年。

佐藤久夫・小澤温『障害者福祉の世界』有斐閣，2003年。

小田亮・平石界「日常的な利他性とパーソナリティ特性が及ぼす影響」『パーソナリティ研究』23(3)，2015年，193-196頁。

笠原千絵「知的障害のある人への自己決定支援の現状——入所更生施設生活支援員の質問紙調査を通して」『ソーシャルワーク研究』29(2)，2003年，133-140頁。

河東田博『ヨーロッパにおける施設解体——スウェーデン・英・独と日本の現状』現代書館，2002年。

————「2006年度学会回顧と展望」『社会福祉学』48(3)，2007年，208-218頁。

————『脱施設化と地域生活支援——スウェーデンと日本』現代書館，2013年。

河東田博・中園康夫『知的障害者の生活の質に関する日瑞比較研究』海声社，1999年。

門脇俊介『フッサール——心は世界にどうつながっているのか』日本放送出版協会，2004年。

河口弘雄「非営利組織のマーケティングの課題と展望」『経営教育研究』1，1998年，117-132頁。

カント，イマヌエル／宇都宮芳明（訳）『永遠平和のために』岩波文庫，1985年。

北島英治「北米・ヨーロッパのソーシャルワークの歴史」北島英治（編著）『ソーシャルワーク実践の基礎理論』有斐閣，2006年。

北島洋美・杉澤秀博「認知症末期にある特別養護老人ホーム入居者に対する介護スタッフのケアプロセス」『社会福祉学』51(1)，2010年，39-52頁。

グラニンガー，ジョーラン・ロビーン，ジョン／田代幹康・シシリア・ロボス（訳）『スウェーデン・ノーマライゼーションへの道——知的障害者福祉とカール・グリュネバルド』現代書館，2007年。

クールシェッド，ベロニカ・マレンダー，オードレイ・ジョーンズ・デヴッド・トンプソン，ネイル／星野晴彦・幸田達彦・山中裕剛・陳麗婷（訳）『今求められるソーシャルワークマネジメント』久美，2009年。

車勤「ビジネスとしての『歓待』の可能性——哲学的試論」『山梨英和大学紀要』8，2009年，115-127頁。

倉田泰路「介護保険サービスにおける苦情の構造——国民健康保険団体連合会等における苦情申立人に対するインタビュー調査の分析を通して」『社会福祉学』54(2)，2013年，44-55頁。

厚生労働省『グループホームとケアホームの現状について』2013年。

───────社会・援護局障害保健福祉部障害福祉課地域生活支援推進室『障害者虐待の防止，障害者の養護者に対する支援等に関する法律に基づく対応状況等に関する調査結果報告書』2017年。

古閑博美『看護のホスピタリティとマナー』鷹書房弓プレス，2001年。

佐久川肇『質的研究のための現象学入門──対人支援の「意味」をわかりたい人へ』医学書院，2009年。

佐々木茂・徳江順一郎「ホスピタリティ研究の潮流と今後の課題」『産業研究』44(2)，2009年，1-19頁。

佐藤郁哉『質的データ分析法──原理・方法・実践』新曜社，2008年。

佐藤知恭『顧客苦情処理の実務──もう一つのサービス・マーケティング』中央経済社，1989年。

塩見洋介「障害者の脱施設化をめぐる論点と課題」相野谷安孝・植田章・垣内国光・唐鎌直義・河合克義（編）『日本の福祉論点と課題　2005年』大月書店，2005年。

清水貞夫「入所施設ケアとコミュニティケアという二重構造の解消を目指して──1985年以降のアメリカにおける脱施設化の現状」『尚絅学院大学紀要』58，2009年，95-106頁。

清水隆則『ソーシャルワーカー論研究──人間的考察』川島書店，2012年。

末崎栄司「社会福祉サービスの商品化における商品の意味」『佛教大学社会福祉学部論集』8，2012年，1-15頁。

末光茂「発達障害のQOLと福祉文化への視点──脱施設化を中心に」『発達障害研究』22(4)，2001年，255-266頁。

鈴木五郎「新社会福祉法と地域福祉──残された制度改革の課題とソーシャルワーカーの役割」『ソーシャルワーカー』7，日本ソーシャルワーカー協会，2003年，2-8頁。

相馬大祐「身体障害者療護施設者の施設入所に至るまでの経過」『介護福祉学』18(2)，2011年，103-111頁。

相馬伸男「社会福祉事業の運営における倫理──現場から発信できること」『社会福祉研究』127，2016年，55-63頁。

孫希叔「状況との対話を可能にする専門性と実践力」空閑浩人編著『ソーシャルワーカー論』ミネルヴァ書房，2012年。

孫良「オーストラリアにおける脱施設化の実態と課題」『神戸学院リハビリテーション研究』2(1)，2007年，15-33頁。

十川廣閻「ミドルマネジメントと組織活性化」『三田商学会』43，2000年，15-22頁。

引用・参照文献

ダイヤモンド社（編著）『だから若手が辞めていく──ミドルがカギを握る人材「リテンション」の可能性』ダイヤモンド社，2007年。

田尾雅夫・久保真人『バーンアウトの理論と実際──心理学的アプローチ』誠信書房，1996年。

高野恵子・堀内泉・峯本佳世子「高齢者施設におけるホスピタリティに関する調査」『甲子園短期大学紀要』33，2015年，41-48頁。

高橋量一「ホスピタリティマネジメント」『ホスピタリティ・マネジメント──その組織認識論的考察』1(1)，2010年，29-48頁。

高松智画「福祉サービスに関する苦情解決制度における第三者委員の役割」『龍谷大学社会学部紀要』43，2013年，47-53頁。

高山由美子「福祉サービス利用者支援における苦情解決システムと『第三者』の機能」『日本ルーテル神学校紀要』37，2003年，47-53頁。

田口茂『フッサールにおける〈原自我〉の問題──自己の自明な〈近さ〉へ問い』法政大学出版局，2010年。

田口潤・関谷洋子・土川洋子「介護福祉実践における『ホスピタリティ』の応用の可能性」『白梅学園大学研究年報』13，2008年，127-130頁。

────・────・────「介護福祉実践における『ホスピタリティ』の応用の可能性（その３）」『白梅学園大学研究年報』15，2010年，121-123頁。

武川正吾「社会福祉に内在する非対称性──権力と参加」『社会福祉研究』121，2014年，22-29頁。

保正友子・鈴木眞理子・竹沢昌子『キャリアを紡ぐソーシャルワーカー──20代・30代の生活史と職業像』筒井書房，2006年。

竹田青嗣『超難解！はじめてのフッサール『現象学の理念』』講談社，2012年。

田島良昭『施設解体宣言から福祉改革へ──障害をもつ人への支援も介護保険で』ぶどう社，2004年。

田中希世子「悩みを共有できる職場環境の重要性──悩むことを悩まないために」空閑浩人編著『ソーシャルワーカー論』ミネルヴァ書房，2012年。

田中雅子『ミッションマネジメントの理論と実践──経営理念の実現に向けて』中央経済社，2006年。

谷徹「自然的態度」廣松渉ほか編『岩波哲学・思想事典』岩波書店，1998年。

────「解説とキーワード」デリダ，ジャック述，パットン，ポール・スミス，ラリー編／谷徹・亀井大輔（訳）『デリダ，脱構築を語る──シドニー・セミナーの記録』岩波書店，2005年。

189

津久井やまゆり園事件検証委員会『津久井やまゆり園事件検証委員会報告書』2018
　　http://www.pref.kanagawa.jp/uploaded/attachment/853791.pdf（2017年8月29日
　　参照）。

辻浩「社会福祉の共通認識をつくる」尾崎新（編）『ゆらぐことのできる力』誠信書房，
　　2000年。

津田耕一『施設に問われる利用者支援』久美，2001年。

角田慰子「日本の知的障害者グループホーム構想にみる脱施設化の特質と矛盾——施設
　　主導型定着の背景」『特殊教育学研究』47(4)，2009年，201-212頁。

坪山孝「社会福祉施設におけるワーカーをめぐる諸問題——特別養護老人ホームの介護
　　の専門性をめぐって」『ソーシャルワーク研究』18(4)，1993年，218-223頁。

ディズニー・インスティテュート／月沢李歌子（訳）『ディズニーが教えるお客様を感
　　動させる最高の方法』日本経済新聞社，2005年。

デリダ，ジャック，安川慶治（訳）「歓待，正義，責任——ジャック・デリダとの対話」
　　『批評空間』23，太田出版，1999，192-209頁。

———・デュフールマンテル，アンヌ／廣瀬浩司（訳）『歓待について——パリのゼ
　　ミナールの記録』産業図書，1999年。

———／藤本一勇（訳）『アデュー——エマニュエル・レヴィナスへ』岩波書店，
　　2004年。

ハーバマス，ユルゲン・デリダ，ジャック・ボッラドリ，ジョヴァンナ／藤本一勇・澤
　　里岳史（訳）『テロルの時代と哲学の使命』岩波書店，2004年。

———述，パットン，ポール・スミス，テリー（編）／谷徹・亀井大輔（訳）『デリ
　　ダ，脱構築を語る——シドニー・セミナーの記録』岩波書店，2005年。

ドイッチャー，ペネロペ／土田知則訳『デリダを読む』富士書店，2008年。

東京都社会福祉協議会福祉サービス運営適正化委員会『福祉サービス事業者における苦
　　情解決・虐待防止の取り組み状況調査』2014年。

サービス＆ホスピタリティ・マネジメント研究グループ（著），徳江順一郎（編著）
　　『サービス＆ホスピタリティ・マネジメント』産業能率大学出版，2011年。

ドラッカー，ピーター／上田惇生（訳）『非営利組織の経営』ダイヤモンド社，2007年。

———／上田惇生（訳）『明日を支配する者』ダイヤモンド社，1999年。

———／上田惇生（編訳）『マネジメント——基本と原則〔エッセンシャル版〕』ダイ
　　ヤモンド社，2001年。

———／上田惇生（編訳）『チェンジ・リーダーの条件——みずから変化をつくりだ
　　せ！』ダイヤモンド社，2007年。

引用・参照文献

徳江順一郎（編著）『ソーシャル・ホスピタリティ』産業能率大学出版部，2013年。

内閣府『平成30年度　障害者白書』2018年。

中村剛『福祉哲学の継承と再生──社会福祉の経験をいま問い直す』ミネルヴァ書房，
　　2014年。

────「社会福祉における正義──「仕方ない」から「不正義の経験」へ」『社会福
　　祉学』49(2)，2008年，3-16頁。

中村敏秀・相澤哲「社会福祉学科共同研究　知的障害者施設への支援費制度の影響に関
　　する一考察」『長崎国際大学論叢』5，2005年，223-233頁。

野村聡「障害者領域でのジレンマ」本田勇・木下大生・後藤宏史・國分正巳・野村聡・
　　内田宏明（編）『ソーシャルワーカーのジレンマ──6人の社会福祉士の実践から』
　　筒井書房，2009年。

畠山千春「身体障害者療護施設における権利擁護の現状と課題」『共栄学園短期大学研
　　究紀要』21，2005年，203-217頁。

蜂谷俊隆「知的障害のある人の施設から地域への移行の実態と課題」『社会福祉学』50
　　(3)，2009年，92-95頁。

服部勝人『ホスピタリティ学のすすめ』丸善，2008年。

大熊由起子・開原成充・服部洋一『患者の声を医療に生かす』医学書院，2012年。

林田正光『ホスピタリティの教科書』あさ出版，2012年。

久田則夫『デキる福祉のプロになる現状打破の仕事術』医歯薬出版，2007年。

福祉マネジメント研究会（編）「ニーズ対応型福祉サービスの開発と起業化──「福祉
　　マネジメント研究会」報告書」（損保ジャパン日本興亜福祉財団叢書 no. 88），2016
　　年。

フッサール，エトムント／浜渦辰二（訳）『デカルト的省察』岩波書店，2001年。

星野晴彦「スウェーデンと日本の精神薄弱者福祉比較──生活施設における QOL に対
　　する取り組みの相違」『発達障害研究』14(4)，1993年，64-70頁。

────『介護福祉士のためのソーシャルワーク──介護福祉士の視線より整理・解
　　説』久美，2006年。

────「地域生活移行における当事者のゆれについて考える」奥野英子（編著）『実
　　践から学ぶ「社会生活力」支援』中央法規出版，2007年。

────「社会福祉サービスへの苦情対応におけるマネジメントの意義」『文明とマネ
　　ジメント』Vol. 4，2010年，144-154頁。

────『社会福祉サービスとホスピタリティ──ドラッガー理論を踏まえて』相川書
　　房，2015年。

191

保正友子『医療ソーシャルワーカーの成長への道のり——実践能力変容に関する質的研究』相川書房，2013年。

牧田満知子・岡本美也子「社会福祉法における質の評価——兵庫県国保連データの苦情内容にみる共時的比較を分析視点として」『甲子園短期大学紀要』20，2001年，9-16頁。

樽井康彦「知的障害者ケアにおける施設長と職員の脱施設化志向の比較」『介護福祉学』15(2)，2008年，150-160頁。

————「知的障害者施設の施設長における脱施設化施策に関する意識の現状」『社会福祉学』48(4)，2008年，118-130頁。

————「知的障害者の脱施設化の論点に関する文献的研究」『生活科学研究誌』7，2008年，157-168頁。

マズロー，アブラハム／原年広（訳）『自己実現の経営——経営の心理的側面』産業能率短期大学出版部，1967年。

松永千恵子『知的障害者がグループホームに住めない理由——知的障害者グループホーム利用者の利用継続を促進／阻害する要因に関する研究』中央法規出版，2015年。

宮内拓智・本田正俊「医療福祉サービスとマーケティング・コミュニケーション」『京都創成大学紀要』7，2007年，127-139頁。

麦倉泰子「身体障害者療護施設におけるケアの質とジレンマ——利用者と職員へのインタビュー調査」『関東学院大学文学部紀要』109，2006年，101-131頁。

村田久行『ケアの思想と対人援助——終末期医療と福祉の現場から』川島書店，1994年。

メイヤロフ，ミルトン／田村真・向野宣之（訳）『ケアの本質——生きることの意味』ゆみる出版，1987年。

本岡類『介護現場はなぜ辛いのか——特養老人ホームの終わらない日常』新潮社，2009年。

山上徹『ホスピタリティ精神の深化——おもてなし文化の創造に向けて』法律文化社，2008年。

山岸まなほ・豊増佳子「日本型ホスピタリティの尺度開発の試みと職種間比較」『国際医療福祉大学紀要』14(2)，2009年，58-67頁。

山口祐司「ホスピタリティ・マネジメントの学際的研究」『経営政策論集』4(1)，2005年，1-29頁。

山本圭「寛容若しくは歓待のおきてについて」『多元文化』8，2008年，95-107頁。

吉原敬典「ホスピタリティを具現化する人財に関する一察」『長崎国際大学論叢1』2001年，281-290頁。

引用・参照文献

————『ホスピタリティマネジメント』白桃書房，2011年。

————「ホスピタリティマネジメントの構造に関する一考察」『目白大学経済学研究』10，2012年，17-28頁。

————『ホスピタリティ・リーダーシップ』白桃書房，2005年。

ラーション，ヤンネ・ベリストローム，アンデジュ・ステンハンマル，アン・マリー／河東田博・ハンソン友子・杉田穏子（訳編）『スウェーデンにおける施設解体』現代書館，2000年。

力石寛夫『ホスピタリティ——サービスの原点』商業界，1997年。

リッチモンド，メアリー・E.／星野晴彦・山中裕剛・陳麗婷訳『善意からソーシャルワーク専門職へ——ソーシャルワークの源流』筒井書房，2014年。

レヴィ，チャールズ・S.（著）ウェクハウス，ブルガルト（訳）『社会福祉の倫理』勁草書房，1983年。

鷲田清一『〈弱さ〉の力——ホスピタブルな光景』講談社，2001年。

————『聴くことの力』筑摩書房，2015年。

和田さゆり「性格特性用語を用いた Big Five 尺度の作成」『心理学研究』67(1)，1996年，61-67頁。

渡辺勧持「日本のグループホームの特徴——諸外国の動向と比較して」『発達障害研究』12(2)，1990年，35-40頁。

初 出 一 覧

第 2 章
「社会福祉サービス従事者のホスピタリティを現象学から捉えなおす」『人間科学研究』38，文教大学，2016年，29-36頁。

第 3 章
「社会福祉施設における第三者委員会からみたホスピタリティの可能性に関する検討」『生活科学研究』38，文教大学，2016年，155-160頁。

第 4 章
「社会福祉の支援をサービスとする議論に対する検討」『文明とマネジメント』12，2015年，167-177頁。

第 5 章
「障害者の脱施設化における福祉サービス従事者の現状と課題」『ソーシャルワーカー』16，2017年，17-23頁。

第 6 章
「社会福祉サービスのケアに関するホスピタリティの理解をめぐる一考察──対話-葛藤-使命の再認識のプロセスに着目して」『人間科学研究』37，文教大学，2015年，89-97頁。

資料1

「ホスピタリティ意識に関する調査」調査票

Ⅰ．あなたご自身のことについてお答えください

問1．性別と年齢についてお答えください
　　　性別　　　　　　　年齢　　　歳

問2．業種と雇用形態をお答えください（業種：障害者施設職員　看護師　宿
　　　泊業職員）
　　　雇用形態（常勤・非常勤）

　　　業種　　　　　　　　　　雇用形態

Ⅱ．下記の質問にお答えください。

設問 利用者に接する際の，あなたの行動や考えについてお聞きします。以下の項目に対して，必要だと思うかについて当てはまる数字に○を付けてください。		強くそう思う	少しそう思う	どちらでもない	あまり思わない	全くそう思わない
1	利用者の要望が想定外でも創意工夫を凝らして対応する	1	2	3	4	5
2	利用者の要望が想定外でも速やかに対応する	1	2	3	4	5
3	質問や会話をしやすい，雰囲気つくりをしている	1	2	3	4	5
4	利用者の要望に対応できない場合，代案を用意している	1	2	3	4	5
5	利用者の要望を誠実に聞く	1	2	3	4	5

6	謙虚な態度で接する	1	2	3	4	5
7	顧客の要望に対応できない場合は，誠実に理由を説明する	1	2	3	4	5
8	適切なタイミングでサービスを提供する	1	2	3	4	5
9	尊敬語，謙譲語，丁寧語を適切に使う	1	2	3	4	5
10	楽しそうに働いている	1	2	3	4	5
11	積極的に声掛けや挨拶をしている	1	2	3	4	5
12	利用者の好みを職員間で共有し，提供するサービスに反映する	1	2	3	4	5
13	利用者が必要とするサービスに，気づくことができる	1	2	3	4	5
14	笑顔で接する	1	2	3	4	5
15	清潔感のある服装や髪型をしている	1	2	3	4	5
16	サービスに必要な専門知識を持っている	1	2	3	4	5
17	利用者の状況に合わせて声の調子を変えている	1	2	3	4	5
18	利用者の理解度を判断し，最も理解しやすいように説明する	1	2	3	4	5

〜ご協力ありがとうございました。なお，ご回答いただいたことで本調査への同意とさせていただきます〜

資　　料

資料2

「障害者福祉サービス従事者のホスピタリティ
意識形成に関するインタビュー調査」
第一次インタビュー　インタビューガイド

１．インタビュー方法

1) インタビューに入る前に，自己紹介し，時間を作っていただいたことへのお礼を述べる。

2) 所要時間（60分程度）を伝え，面接の後に予定があるか確認し，予定に支障がないようにすることを説明する。予定が無い場合でも，時間を超過することはないように気を付ける。

3) 会話をメモするのは難しいので，会話の内容を録音させていただくことの許可を得る。

4) 倫理的配慮（下記）を説明する。

①所属，個人が特定できないようにする。

②途中で，インタビューを終了しても問題ない。

③本調査で得られた情報は，研究のみに使用する。

④筆記した用紙，録音テープは研究終了時に破棄する。電子媒体データは研究終了後に完全に削除する。

⑤本研究は，国際医療福祉大学院倫理審査委員会の承認をもとに行っている。

⑥インタビューの目的を説明する。

⑦同意書に記載をしていただく。

２．インタビュー内容以下の通り（ホスピタリティの語が，現場ではまだ十分な理解がされていないため，ホスピタリティについては言及せず，第一章で示したホスピタリティの定義を反映するように質問項目を設定した）。

３．終了時他に何か意見などないか確認して，面接の終了を告げる（録音スイッチを切る）。お礼を述べ，終了する。

面接調査日　　年　月　日

_____ 様

属性

年齢　（　　　　　）歳代

職種　（　　　　　）

職歴　（　　　　　）年

インタビュー内容

　下記の項目についてどのようにお考えかを，お尋ねいたします。自由にお話しください。答えたくないことについては，答えなくても結構です。

1　知的障害者が地域で生活することへの支援についてどのように考えますか。
　　積極的に進めたいと思いますか。

2　知的障害者の地域生活を支援するうえで，何が特に支障となると思いますか。

3　サービス利用者に対する支援について，どのように考えて取り組んでいますか。そして，あなたはどのようなことに心がけて，どのように取り組んでいますか。そして入職時から比べてどのような変化をしてきましたか。そのような変化をさせたものは何ですか。

4　ご自分が所属する組織に対して以下の点に関して，どう感じていますか，また今後利用者への支援を向上するために，何を期待しますか。またそれによりどのような影響があると思いますか。

　　①組織の使命を伝えること

　　②公正な評価

　　③職員の育成

　　④職場内でのコミュニケーション

5　あなたは，同僚の職員と管理者のコミュニケーションをどのようになさっ

資　料

ていますか。それにより利用者への支援に関する意識は，どのように変わ
りましたか。

資料3

「障害者福祉サービス従事者のホスピタリティ
意識形成に関するインタビュー調査」
第二次インタビュー　インタビューガイド

1．インタビュー方法
　1）　インタビューに入る前に，自己紹介し，時間を作っていただいたことへ
　　　のお礼を述べる。
　2）　所要時間（60分程度）を伝え，面接の後に予定があるか確認し，予定に
　　　支障がないようにすることを説明する。予定が無い場合でも，時間を超
　　　過することはないように気を付ける。
　3）　会話をメモするのは難しいので，会話の内容を録音させていただくこと
　　　の許可を得る。
　4）　倫理的配慮（下記）を説明する。
　　　①所属，個人が特定できないようにする。
　　　②途中で，インタビューを終了しても問題ない。
　　　③本調査で得られた情報は，研究のみに使用する。
　　　④筆記した用紙，録音テープは研究終了時に破棄する。電子媒体データ
　　　　は研究終了後に完全に削除する。
　　　⑤本研究は，国際医療福祉大学院倫理審査委員会の承認をもとに行って
　　　　いる。
　　　⑥インタビューの目的を説明する。
　　　⑦同意書に記載をしていただく。
2．インタビュー内容以下の通り（「ホスピタリティ意識形成に関するインタ
　　ビュー調査」第一次インタビューを補足するために実施する）。
3．終了時，他に何か意見などないか確認して，面接の終了を告げる（録音ス
　　イッチを切る）。お礼を述べ，終了する。

資　料

面接調査日　　年　月　日

_____ 様

属性

年齢　（　　　　　　）歳代

職種　（　　　　　　）

職歴　（　　　　　　）年

インタビュー内容

　下記の項目についてどのようにお考えかを，お尋ねいたします。自由にお話しください。答えたくないことについては，答えなくても結構です。

1　支援において仕方がないと感じたことはありますか。

2　どのような時に感じますか

3　それに対して何を感じて，どのように対応しましたか

資料4

「障害者福祉サービス従事者のホスピタリティ
意識形成に関するインタビュー調査」
インタビューイ4名の事例

　第8章の表14の細分化した結果のみでは理解しにくいと思われたため，インタビューイー4名の事例を以下に示す（カッコ書きは文書セグメント）。

　焦点カテゴリー7『支援姿勢の選択』から【知的障害者の地域生活を推進するという施設の方針に賛同する】【施設の方針に疑問をもちながらも自分ができることを考えていく】【できなくても仕方がないと割り切る】【支援に意義が感じられなくなる】の四つの下位カテゴリーが抽出された。4人は，利用者たちが自分の施設を現在利用している背景について，十分に理解している。それを踏まえて，同一施設に勤務していても，それぞれの行動を選択していくのである（カッコ書きは文書セグメント）。なお（　）内は回答番号。職員名は表13参照。

Case 1
【知的障害者の地域生活を推進するという施設の方針に賛同する】(7-1)
　施設1　A職員　生活支援員　男性40歳代　施設勤務20年弱
　「地域生活は当然のことなので組織として，そのうねりを作っていきたい。その中で職員にもその意味をわかってもらいたい」(2-8-2)と施設長は語っており，施設長の理念が反映された施設の方針として，「利用者の夢をかなえさせようという雰囲気があり，施設ではなくグループホームを利用することが当然」(2-9-5)という雰囲気もある。また「過去にいろいろなことに挑戦しており，新しいことに取り組むことに抵抗のない雰囲気(2-9-1)」であった。
そもそも自分も「利用者と話すことが好きで，積極的に話しかける」(2-8-1)タイプである。自分もその施設の理念に賛同し，現在グループホーム利用者が通う日中活動を担当している。月並みなアクティビティでは利用者が物足りな

資　料

いだろうと考え，建物の壁面にステンドグラスをはめ込んで，すがすがしい雰囲気を演出したり，地域のボランティアをフルに動員したりして，本人の生活の質を少しでも向上させようとしている。予算オーバーではあったが，施設長はその心意気に打たれて承認した。利用者の生活がマンネリ化しないことを願っており，「組織の方針に従い，利用者の地域生活を支援していきたい」（7-1）と考えて日々取り組んでいる。

Case 2

【施設の方針に疑問をもちながらも自分ができることを考えていく】（7-2）

　　施設3　　F職員　生活支援員　女性30歳代　施設勤務10年弱

　現在入所施設に勤務しており，施設としてはグループホームを建設する予定はない。それに対応できるような職員を雇用できていないということが施設長の判断である。自分の目から見れば「施設長は，うちの職員はよくやっていて，問題がないといっているが，課題は山積している」（3-13-4）状態である。

　日々マンネリ化した利用者の生活の中で，数少ない職員が生活支援を行っているが，利用者が求めているにもかかわらず従事者が利用者と十分に話をすることもできない。そして同僚たちは，「現在の社会資源の状況を考えれば，それぞれの知的障害者の生活に寄り添うことは難しく，仕方がない」（3-15-4）と考えており，疑問も感じていない。また，それでいて，「彼らは，自分たちはここでは生活できないよね」（3-15-5）とも語っている。

　私は「上司の限界を考えながら仕事をするようにという指示に対して，素直に従うことができない」（2-3-2）と感じている。

　業務に追われているため，『利用者からいろいろと話しかけられても，「待っていてください」と利用者にいわざるを得ないことが多い』（3-15-4）。これは言葉のロックであり，一種の虐待であると感じている。日課を最小限こなしていくので精一杯という感じになっているが，「施設の効率性を求める姿勢には疑問がある。そこで，システムを変えることはあきらめているが，利用者の話はしっかりと聞こうとする」（7-2-1）ことを心がけるようにしている。どこか

203

で限られた時間を捻出しようと努めている。「職員が頑張ったら，それを評価するような雰囲気を作ってほしい」(3-15-2) と感じている。しかし，それに対して同僚たちは「非効率的」「スタンドプレー」と陰口を言っている。

Case 3
【できなくても仕方がないと割り切る】(7-3)
　　施設2　　E職員　　生活支援員　　男性30歳代　　施設勤務10年程度
　　福祉はやりがいのある仕事と思って入職したが，もともと（自分は）人と話すのは苦手である。
　　勤務先施設は入所施設で，グループホームは設置していない。施設長も現在の職員の力量では，グループホーム開設は無理と考えている。特に，グループホームは少人数職場であり，職員の育成や応援がしにくいためである。そして，施設の使命のようなものがあるわけでもない。「職員が勝手に育つのを待つのではなく，このような職員を育てたいというビジョンが必要だと思う。今のままでは本当に場当たり的で，個々の職員が育ってくれてよかったねという，他人任せ」(3-15-4) の状態である。
施設は利用者が外に出ていかないように鍵がかかるようになっており，当初は動物園のような感じがしていたが，今は違和感もなくなってきた。それよりも利用者が施設外に出てその捜索をかけることを考えたときの大変な作業を考えたら仕方がないと考えている。また，「利用者は自立している人に来てほしい，そうでなければ限られた職員体制の下で限界がある」(3-14-1)，「一つひとつの利用者への支援について問題意識もあったがそれを取り上げていてはきりがないと，割り切らなければならない」(3-15-1) ような施設の雰囲気がある。その雰囲気の中で疑問を感じないようにして，とりあえず最低限のことだけをこなそうと，頭を切り替えて行動するようにしている。「いわれたことをやっている分には，首にもならないと思っている」(3-1-2)。一部の職員が利用者に対する処遇論を熱く語っているのを見ると，「うっとうしく」なるときがある (7-3-5)。

資　料

Case 4

【支援に意義が感じられなくなる】(7-4)

施設1　C職員　生活支援員　男性20歳代　施設勤務4年目

入職当初から支援に意欲的で，自分と同期の職員が手を抜いているように見え，その旨を課長に訴えるなどしてきた。施設自体は入所施設であるが，重度の障害者（自閉傾向あり）であっても地域に出していこうという使命感をもち，実績ももっていた。

自分は，入職当初は「利用者はかけがえのない存在として認識している」と力強い回答をしていた。その勢いが認められ，2年目に日中活動のリーダーに抜擢された。

しかしやがて「障害特性によりどれだけ働きかけても，うまくコミュニケーションが取れない」(3-18-1)ということに愕然とする。実は，自閉症についてよくわかっていない。特に支援の方法論について最低限の勉強ができていない。自分なりに様々な工夫をしても反応が得られない。利用者へのコミュニケーションが取れなくなり，支援の仕方がわからなくなり，途方に暮れるようになった。

しかし，外部の研修にも参加できていない。「ケアの方向が見えない中で，エネルギーが低下することへのバックアップがない」(3-10-2)という状況であった。周囲からは心配されつつも技術的なアドバイスが得られなかった。

また，利用者の保護者からも勉強不足を指摘されてしまった。利用者に関して親しみの感情が湧きにくく，支援に意義を感じられなくなる。利用者に声をかけようとする力が湧いてこない。今は，知的障害ではなく高齢者の施設に転職することを考えている。

索　引

あ　行

アポリア　83,86-88,90
糸賀一雄　21,149
イノベーション　59,64
インタラクティブ　15,113,140-143,184
うめき　92
営利企業・団体　5,16,23,160
オープンコード　118
　　——化　118

か　行

下位カテゴリー　126-128,135
かけがえのない存在　i,34,60,111,141
葛藤　83
歓待　87,88,89,99
気のきいたおもてなし　iv
逆機能　72
共創的関係　48,50
共創的相関関係　8,14,37,38,81,82
共同生活援助　7
苦情　2,3,37,39,40,43,45,48
　　——解決　43,46
　　——体制　44
グループホーム　7,69,71,73,74,113-115,
　146,157
経営理念　20
現象学　26-29
　　——的還元　28-32
権利に基づくサービス　1
顧客の満足　62,151,155
個人レベル　9,126,127,130,134,140,141,
　144,145,148,170,172,173,175

さ　行

支援姿勢の選択　119,125,128,132,134,
　139,144,148,174
仕方がない　64,91,113,127,131,138,141,

142,145,146,148,157,174,184
支持的ケア　183
市場化・商品化　ii,3
使命を再認識　83
社会正義　17
社会福祉基礎構造改革　3,4,6
社会福祉サービス　55,184
障害者福祉サービス　183
障害特性レベル　148
焦点コード　135
焦点的コーティング　118
情報の非対称性　3,37
自立生活運動　21
自立生活理念　3
事例——コード・マトリックス　118
人材確保困難　16,18,160,181
人材確保指針　18
　　新——　19
　　福祉——　21
ストレングス　9,149,150,157,159
省察　9,155

た　行

第三者委員　43-45,47,48
　　——会　37,46,50
対等　15,55,140,141,143,184
対話　83
　　——葛藤——使命の再認識　8
　　——葛藤——ゆらぎ——使命の再認識　81,82
脱施設化　70-72,77
超越論的次元　27,28
津久井やまゆり園事件　6,9,142,145,
　155,160,163,171,176,180
デリダ，ジャック　5,86-90
透明性　1
ドラッカー，ピーター　iii,5,7,55,56,
　62,63,65,76,90,143,150,151,154

207

な・は 行

ニーリェ，ベンクト　139
ノーマライゼーション　21，70，74，75，139-
　145，160，171，178
　──思想　3，175
パラダイムチェンジ　22，23，159，160，184
バンク＝ミケルセン，ニルス・エリク　70
非営利組織　6，62
福祉サービス　1，55，110
　──利用者　55
福祉労働論　21
フッサール，エトムント　26-30
文書セグメント　118
ホスピタリティ　i-iii，4-6，13-15，22，23，
　25，34，46，50，69，77，81，86，91，92，99，101，
　104，111，113，115，116，130，140，142，144，
　156，170
　──意識　26，30，34，69，70，104，108，110
　113，114，119，126，137，138，143-145，
　149，155，170，177，183
　──産業　5，16，144
　従事者の──　137
本質的直感　29

ま 行

マーケティング　4
マズロー，アブラハム　143
マニュアル　7，64，65，110
　──化　82，110，181
　──通り　3

マネジメント　iii，5，7，62，65，76，90，143，
　144，150-152，154，157，179，181，183
　──レベル　9，127，130，134，140，141，
　144，148，170，172，173，175
ミッション　ii，iii，62，63，143，184
　──マネジメント　154
メイヤロフ，ミルトン　26，31
燃え尽き症候群　147，176，177

や・ら 行

ゆらぎ　83，85，86，91，92，156
ゆれ　72，73
より良い生活の創造を阻む力　126，127，
　129，130-132，141，142，144，148，170，172，
　173，175
より良い生活を創造する力　126，129，130-132，
　144，149，170，172，173，175
リーダーシップ　152
理念の浸透　9，155，183
利用者中心のマネジメント　159
利用者特性レベル　134
利用者の障害特性レベル　9，127，144，
　170，172，174，175
利用者のより良い生活を創造する力　149
倫理　14，15，25，113，137，145
　──綱領　16，17，26，60，90，150，
　160，170
　──当為　150
レヴィナス，エマニュエル　89，158-160，
　179，182，184

《著者紹介》

星野晴彦（ほしの・はるひこ）

1965年　生まれ。
1988年　上智大学文学部社会福祉学科卒業。
1997年　上智大学大学院文学研究科社会学専攻博士課程後期単位取得退学。
2018年　国際医療福祉大学院医療福祉研究科医療福祉ジャーナリズム博士号取得。
　　　　横浜市福祉職，上智社会福祉専門学校講師などを経て，
現　在　文教大学人間科学部人間科学科教授。
著　書　『ソーシャルワークの可能性』（共編著），相川書房，2005年。
　　　　『介護福祉士のためのソーシャルワーク』（編著），久美，2006年。
　　　　『今求められるソーシャルワーク・マネジメント』（共訳），久美，2009年。
　　　　『Q&Aでわかるソーシャルワーク実践』（共編著），明石書店，2012年。
　　　　『善意からソーシャルワーク専門職へ』（共訳），筒井書房，2014年。
　　　　『もしソーシャルワーカーがドラッカーを読んだら』久美，2012年。
　　　　『社会福祉サービスとホスピタリティ』相川書房，2015年ほか。

障害者福祉サービス従事者における
ホスピタリティ意識の形成

2018年10月10日　初版第1刷発行　　　　　　〈検印省略〉

定価はカバーに
表示しています

著　　者　　星　野　晴　彦

発　行　者　　杉　田　啓　三

印　刷　者　　坂　本　喜　杏

発行所　株式会社　ミネルヴァ書房

607-8494　京都市山科区日ノ岡堤谷町1
電話代表　（075）581-5191
振替口座　01020-0-8076

ⓒ星野晴彦，2018　　　　　　　冨山房インターナショナル

ISBN 978-4-623-08376-3

Printed in Japan

障害者福祉［第2版］	障害者福祉論	よくわかる障害者福祉［第6版］	障害者相談支援における「実践課題の政策化」の理論形成	障害者福祉の父 糸賀一雄の思想と生涯
圓尾　竹端　山崎　下端里志幸里志子剛　子志子寛著	杉本敏夫柿本志津江編著	小澤　温編	隅河内　司著	京極高宣著
本体二三四〇〇円B5判二二四頁	本体二四〇〇円A5判二〇頁	本体二二〇二頁二〇〇円B5判	本体七五〇〇円A5判二六頁	本体一八〇〇円四六判二三二頁

ミネルヴァ書房

http://www.minervashobo.co.jp/